DICTIONNAIRE

DES

COMMUNES, VILLES & VILLAGES

DE L'ALGÉRIE

PAR

Achille FILLIAS

Prix : 2 fr.

ALGER

IMPRIMERIE TYPOGRAPHIQUE & LITHOGRAPHIQUE J. LAVAGNE

4, RUE CLAUZEL, 4

ET CHEZ LES PRINCIPAUX LIBRAIRES

1878

DICTIONNAIRE

DES

COMMUNES, VILLES & VILLAGES

DE L'ALGÉRIE

INDIQUANT POUR CHAQUE LOCALITÉ,

D'APRÈS LE DERNIER RECENSEMENT OFFICIEL :

LA CONDITION ADMINISTRATIVE, LA SITUATION GÉOGRAPHIQUE, LA POPULATION;

DONNANT

LES RENSEIGNEMENTS JUDICIAIRES, ECCLÉSIASTIQUES, MILITAIRES
ET MARITIMES

ET PRÉCÉDÉ D'UNE

INTRODUCTION SUR L'ALGÉRIE

PAR

Achille FILLIAS

~~~~

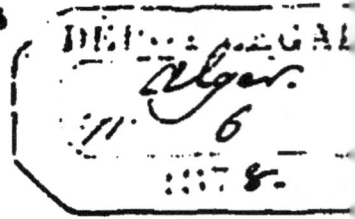

ALGER

IMPRIMERIE LAVAGNE

4, RUE CLAUZEL, 4

ET CHEZ LES PRINCIPAUX LIBRAIRES

~~~~

1878

~~~

DROITS DE PROPRIÉTÉ ET DE TRADUCTION RÉSERVÉS

L'ALGÉRIE

DIVISIONS NATURELLES

Dans sa configuration la plus générale, l'Algérie présente trois régions distinctes : celle du Nord, — celle des Hauts-Plateaux (*Plateau central*), — celle du Sud. Mais la région des Hauts-Plateaux participant à la fois, par sa constitution et ses productions, des terres du nord et de celles du sud, on n'admet pour l'ensemble du territoire que deux grandes divisions naturelles : *le Tell*, au nord ; *le Sahara*, au sud.

Le Tell s'étend de la Méditerranée au plateau central, qu'il englobe en partie. C'est, à proprement dire, la portion essentiellement cultivable du territoire algérien ; — sa superficie embrasse treize millions d'hectares.

Le Sahara est le domaine naturel des nomades,

c'est-à-dire des arabes pasteurs, qui, à des époques fixes, descendent des Hauts-Plateaux pour conduire leurs troupeaux dans les larges plaines du sud. — Il est occupé en quelques-unes de ses parties par une population fixe, — celle qui habite le *Ksar*, village généralement fortifié, dans lequel les nomades déposent leur réserve de provisions et leurs denrées. — Autour de chaque Ksar s'étend, sur un espace plus ou moins vaste, un terrain propre à la culture, irrigué par l'eau des sources ou par l'eau des puits et couvert de dattiers qui constituent sa principale production. C'est précisément cette partie irriguée du terrain qu'on désigne sous le nom d'*Oasis*, — On évalue à 30 millions d'hectares la superficie du Sahara.

Divisions Administratives

L'Algérie comprend trois départements, dont les chefs-lieux sont :

Alger, au Centre ;
Oran, à l'Ouest ;
Constantine, à l'Est.

Chaque département forme deux territoires distincts, peuplés l'un et l'autre d'européens et d'indigènes : l'un, *territoire civil*, administré par un Préfet qui exerce, sous l'autorité supérieure du Gouverneur général, les attributions conférées aux préfets des départements de la Métropole, — l'autre, *territoire militaire*, administré par le Général commandant la division militaire, et également sous la haute direction du Gouverneur général.

C'est l'ensemble de ces deux territoires qui constitue ce que l'on désignait autrefois sous le nom de *Province*.

Le territoire civil de chaque département comprend un certain nombre d'*arrondissements*, administrés par des sous-préfets, — à l'exception de celui dont le siége est au chef-lieu du département, qui est administré par le préfet.

Les arrondissements sont, eux-mêmes, divisés en *communes de plein exercice*, et en *communes mixtes*.

On entend par *communes de plein exercice* les communes dont l'administration est soumise aux règles en vigueur pour les communes de la Métropole, sous réserve de l'admission dans les conseils municipaux, par voie d'élection, des habitants indigènes et étrangers européens. Elles compren-

nent souvent des annexes ou sections de commune, constituées par les centres européens situés
aux environs du chef-lieu, et dont la population
est encore trop peu nombreuse pour justifier la
création d'une commune spéciale.

Des douars ou des fractions de tribus sont parfois rattachés aux communes. Dans ces territoires,
la police et les services municipaux sont remplis,
sous l'autorité du Maire, par des agents nommés
adjoints indigènes, spécialement chargés d'aider
au recouvrement de l'impôt. — Il n'y a de communes de plein exercice qu'en territoire-civil.

On appelle *communes mixtes*, les circonscriptions dans lesquelles la population indigène est
dominante, et où la population européenne commence à fonder quelques établissements sous la
protection spéciale de l'Administration ou du Commandement. — Il y a des communes mixtes dans
les deux territoires.

Elles sont formées de centres européens en voie
de peuplement, de tribus, et d'un certain nombre
de *douars-communes* (c'est-à-dire de tribus ou fractions de tribus ayant subi, pour la plupart, l'appli-
cation des deux premières opérations du Sénatus-

consulte du 22 avril 1863 *(Délimitation des terri-toires et leurrépartition entre les différents douars de chaque tribu)*.

En territoire *civil*, les communes sont adminis-trées par un fonctionnaire civil *(Administrateur)*, dont les attributions sont réglées comme suit :

1° **Sécurité publique :** — Rapports périodi-ques sur la situation ; — Administration et sur-veillance des populations indigènes ;

2° **Administration communale :** — Fonc-tions de maire de la commune mixte.

3° **Développement de la colonisation.** — Etude des projets de création de nouveaux villa-ges avec la Commission des centres ; — Expro-priations ; — Installation des colons ; — Examen de leurs besoins ; — Surveillance au point de vue des conditions à remplir par les attributaires ;

4° **Impôts arabes :** — Assistance à prêter aux receveurs des contributions diverses pour la per-ception des impôts ;

5° **Police judiciaire :** — En sa qualité de maire, l'administrateur fait fonctions d'officier de police judiciaire.

En territoire *militaire*, elles sont administrées, sous la haute autorité du général commandant la division, par une Commission municipale que préside le commandant supérieur, maire. — Près du général commandant la subdivision, et sous son autorité directe, est placé un *Adjoint civil* chargé de préparer et de suivre, dans les formes prescrites par les lois ordinaires, toutes les affaires qui sont du ressort de l'administration civile, notamment celles qui concernent l'assiette des impôts, la statistique, la reconnaissance des biens du Domaine, la comptabilité des communes indigènes, les prestations pour l'ouverture et l'entretien des chemins vicinaux, l'exploitation des forêts et des mines, les règlements d'usage des eaux, les concessions des chutes d'eau, les projets de colonisation et de travaux publics, l'installation des colons dans les villages, la constitution de la propriété et de l'état-civil chez les indigènes. — L'adjoint civil est en un mot, chef du bureau civil du général, et c'est en cette qualité qu'il traite les questions administratives.

Le territoire militaire est divisé en circonscriptions déterminées par des arrêtés du Gouverneur général ; il comprend, outre les communes *mixtes* dont il a été parlé plus haut, des communes dites *indigènes*.

Les communes indigènes ont leur autonomie et leur budget distinct : bien qu'un certain nombre d'européens résident sur leur territoire, soit comme propriétaires ou fermiers, soit par petits groupes d'ouvriers employés à diverses exploitations, elles sont exclusivement formées de douars-communes et de tribus, qui comptent comme section communale. — Leur chef-lieu est toujours celui du cercle ou de l'annexe dont elles relèvent, — c'est-à-dire un centre européen.

Les communes indigènes sont administrées par une commission municipale que préside, suivant le cas, le commandant supérieur du cercle, ou le chef de l'annexe, maire. — Dans les communes dotées de ressources suffisantes, le président du conseil a près de lui un adjoint civil qui remplit les fonctions de secrétaire de la commune.

Le tableau ci-après indique les divisions administratives des trois départements :

PROVINCES	TERRITOIRE CIVIL NOMBRE			TERRITOIRE MILITAIRE NOMBRE	
	des ARRONDISSEMENTS	DES COMMUNES de PLEIN EXERCICE	des COMMUNES MIXTES	des COMMUNES MIXTES	DES COMMUNES INDIGÈNES
ALGER	4	89	13	3	11
ORAN	3	50	12	9	2
CONSTANTINE	6	30	18	4	17
	13	169	43	18	30

En résumé, on compte aujourd'hui en Algérie :
(Janvier 1878)

3 Préfectures : — Alger. — Oran. — Constantine ;

12 Sous-Préfectures : — Alger, 3. — Oran, 4. — Constantine, 5 ;

169 Communes de plein exercice ;

61 Communes mixtes dont 43 en territoire civil ;

30 Communes indigènes dans le territoire militaire.

ARMÉE D'ALGÉRIE

(19ᵉ corps)

~~~~~~~~~~~~~~~

I. — Divisions Militaires

L'armée d'Algérie forme le 19ᵉ corps d'armée ; elle se compose :

1° De régiments de toutes armes, envoyés de France, puis relevés par d'autres après cinq ou six années de séjour ;

2° De corps spéciaux créés dans le pays. — Ces derniers se composent : pour l'infanterie, de quatre régiments de zouaves, de trois régiments de tirailleurs algériens, d'un régiment de légion étrangère, et de trois bataillons d'Afrique ; — pour la cavalerie, de quatre régiments de chasseurs d'Afrique et de trois régiments de spahis.

Les trois départements forment autant de divisions militaires : Alger, Oran et Constantine sont les siéges de ces divisions qui comprennent un certain nombre de subdivisions, placées sous le commandement de généraux de brigade ou d'officiers supérieurs.

La division d'Alger comprend cinq subdivisions militaires : la province d'Oran en compte trois ; — la province de Constantine en a quatre.

Chaque subdivision comprend un ou plusieurs cercles, commandés par un officier supérieur — ils sont au nombre de trente trois dans les trois divisions.

Les chefs-lieux de subdivisions sont indiqués dans le tableau ci-après :

DIVISIONS	SUBDIVISIONS
ALGER	Alger ; — Dellys ; — Aumale ; — Médéah ; — Orléansville.
ORAN	Oran ; — Mascara ; — Tlemcen.
CONSTANTINE	Constantine ; — Bône ; — Sétif ; — Batna.

II. — Affaires Indigènes

L'Administration des Indigènes, en territoire militaire, est centralisée à Alger, à l'Etat-Major général (*Section des Affaires Indigènes*), sous la haute direction du Gouverneur général et sous les ordres du général, chef d'Etat-Major général.

Des bureaux désignés sous le nom de *Bureaux*

Arabes, composés d'un capitaine, chef de bureau, et d'un ou de deux adjoints, sont institués :

Dans chaque subdivision, auprès du général commandant ;

Et dans chaque cercle, auprès du commandant supérieur.

Ces bureaux sont chargés, — sous l'autorité immédiate des généraux, — du commandement et de l'administration des indigènes du territoire militaire, de la préparation des registres statistiques qui servent de base à l'assiette de l'impôt, d'assurer la police du pays, la sécurité des routes et des marchés, etc.

Dans chaque division, les affaires indigènes sont centralisées auprès du général par un bureau dit *Section des Affaires indigènes,* et dont le personnel comprend : un officier, directeur, un ou plusieurs adjoints, un archiviste civil ou militaire, un officier de santé, des interprètes, des copistes et des chaouchs.

Le tableau ci-après fait connaître, par division et subdivision, le nombre et l'emplacement des cercles, bureaux arabes et annexes :

| DIVISIONS | SUBDIVISIONS | CERCLES | BUREAUX ARABES | | BUREAUX ANNEXES |
			DE 1re CLASSE	DE 2e CLASSE	
ALGER	ALGER	»	»	»	L'Arba
	DELLYS	Fort-National	Fort-National	»	»
	AUMALE	Aumale	Aumale	»	»
		Bouçaâda	»	Bouçaâda	»
		»	»	»	Beni-Mansour
	MÉDÉAH	Médéah	Médéah	»	»
		Boghar	»	Boghar	»
		Djelfa	»	Djelfa	»
		Laghouat	Laghouat	»	»
	ORLÉANSVILLE	Orléansville	Orléansville	»	»
		Millanah	»	Millanah	»
		Teniet-el-Haâd	»	Teniet-el-Haâd	»

| DIVISIONS | SUBDIVISIONS | CERCLES | BUREAUX ARABES | | BUREAUX ANNEXES |
			DE 1re CLASSE	DE 2e CLASSE	
ORAN	ORAN	Ammi-Moussa	»	Ammi-Moussa	»
		»	»	»	Zemmorah
	MASCARA	Mascara	Mascara	»	»
		Tiaret	»	Tiaret	»
		Saïda	»	Saïda	»
		Géryville	»	Géryville	»
		»	»	»	Aflou
		»	Tlemcen	»	»
	TLEMCEN	Lalla - Maghnia	»	Lalla - Maghnia	»
		»	»	»	Nemours
		Sebdou	»	Sebdou	»
		Daya	»	Daya	»

DIVISIONS	SUBDIVISIONS	CERCLES	BUREAUX ARABES DE 1re CLASSE	BUREAUX ARABES DE 2e CLASSE	BUREAUX ANNEXES
CONSTANTINE	CONSTANTINE	»	Constantino	»	Fedj-Mzala
		»	»	»	El-Milïah
		Collo	»	Collo	»
		Djidjelli	»	Djidjelli	»
		Aïn-Beïda	»	Aïn-Beïda	»
		Tébessa	Tébessa	»	»
	BÔNE	Bône	»	Bône	»
		Souk-Ahras	»	Souk-Ahras	»
		La Callo	»	La Callo	»
	SÉTIF	Sétif	Sétif	»	»
		Bordj-bou-Ar-réridj	»	Bordj-bou-Ar-réridj	M'sila
		Bougie	»	Bougie	»
		Akbou	»	Akbou	»
	BATNA	»	Batna	»	Takitount
		Batna	Batna	»	»
		Biskra	Biskra	»	»
		Khenchela	»	Khenchela	Barika

Soit, au total, pour les trois divisions : 32 cercles, — 34 bureaux arabes de 1ᵉ et 2ᵉ classe, — et 10 bureaux annexes.

III. Marine nationale

Les différents Services de la station navale en Algérie sont dirigés sous la haute autorité du Gouverneur général, commandant en chef des forces de terre et de mer, par un Officier général de la marine, lequel réside à Alger.

La Station se compose ordinairement :

D'une frégate à vapeur, mise entièrement à la disposition du Gouverneur général ;

D'une corvette à voiles, servant de stationnaire et chargée d'arraisonner les navires de guerre qui entrent dans le port ;

D'un bâtiment à vapeur qui fait le transport des troupes, des chevaux et du matériel.

Il existe à Alger un arsenal maritime, dirigé par un capitaine de frégate ; — Cet arsenal comprend : un atelier de mécaniciens, un atelier de charpentage, un atelier de voilerie, un magasin général d'approvisionnements, un magasin de subsistances, des parcs à charbon, etc.

Les différents ports maritimes, en allant de l'Ouest à l'Est, sont les suivants :

Nemours, Mers-El-Kébir, Oran, Arzew, Mostaganem, Ténès, Cherchell, Alger, Dellys, Bougie, Djidjelli, Collo, Stora, Philippeville, Bône, La Calle.

Des directions de port sont établies dans tous les ports de l'Algérie, ceux de Collo, de Philippeville et de La Calle exceptés.

IV. — Service militaire. — Recrutement

Aux termes de la loi du 6 novembre 1875, sont soumis à l'obligation du service militaire personnel en Algérie, — exception faite des appelés qui se trouvent dans les conditions déterminées par les lois organiques :

Les Français nés en Algérie, et qui y ont conservé leur domicile ;

Les Français qui n'étant pas nés en Algérie, y sont domiciliés ;

Les Français qui, ayant leurs parents domiciliés en France, résident habituellement en Algérie et ont pris devant le maire, — avant leur inscription sur le tableau de recensement, — l'engagement de résider dix ans dans la colonie.

Nous croyons devoir rappeler ici les principales dispositions de cette loi:

Tout homme qui n'est pas déclaré impropre à tout service militaire, fait partie de l'armée active ou de la réserve de l'armée active, pendant neuf années, à l'expiration desquelles il est tenu de servir dans l'armée territoriale.

La durée du service compte du 1er avril de l'année où les jeunes gens ont été inscrits sur les tableaux de recensement.

Le temps de présence effective sous les drapeaux est d'une année à partir de l'appel, qui ne peut être retardé au-delà du 1er septembre de la même année.

Les jeunes soldats font leur service dans les corps stationnés en Algérie. Exceptionnellement et par mesure d'ordre, le ministre de la guerre, sur la proposition du gouverneur général, peut envoyer dans les corps de troupe du Midi de la France, pour y faire leur année de service, un certain nombre de ces jeunes gens d'origine indigène *(Israélites et Musulmans naturalisés français)*.

A l'expiration de leur année de service effectif, les jeunes gens sont renvoyés dans leurs foyers et inscrits sur les contrôles de la réserve. Toutefois, le militaire qui, après l'année de service ci-dessus mentionnée, ne sait pas lire et écrire, et ne satisfait pas aux examens déterminés par le ministre de la guerre, peut être maintenu au corps pendant une seconde année.

Les hommes envoyés dans la réserve sont immatriculés dans les corps ou portions de corps qui sont les plus spécialement destinés à la défense de la colonie. — Ils peuvent se marier sans autorisation, mais ils restent soumis aux obligations du service imposées aux classes auxquelles ils appartiennent.

Les dispositions de la loi du 27 juillet 1872, relatives aux engagements volontaires et aux rengagements, sont applicables aux Algériens. Le temps de service exigé par cette loi leur est compté à partir du jour de leur engagement.

Néanmoins, les jeunes gens qui n'ont pas encore satisfait à la loi sur le recrutement peuvent contracter en Algérie, au moment de l'appel d'une classe, et au titre des corps qui s'y trouvent stationnés, un engagement volontaire pour la durée d'une année, s'ils remplissent les conditions exigées. —

Les dispositions des lois des 27 juillet 1872 et 24 juillet 1873, concernant le volontariat d'un an, leur sont également applicables.

L'armée territoriale en Algérie *(non compris sa réserve)*, se compose de :

8 bataillons de zouaves territoriaux ;
1 bataillon de chasseurs à pied territoriaux ;
14 batteries territoriales d'artillerie ;
4 escadrons territoriaux de chasseurs d'Afrique ;
3 compagnies légères territoriales du train des équipages militaires.

Tous ces corps sont habillés, équipés et armés comme les corps correspondants de l'armée active.

POPULATION

Le dénombrement de la population a été opéré à la fin de 1876 :

Nominativement, pour la population fixe des villes et des centres colonisés;

Numériquement, pour l'armée et la population en bloc; (on désigne sous le nom de *population en bloc* le personnel des établissements où sont réunis, temporairement, un certain nombre d'individus n'ayant pas dans la localité leur résidence municipale : prisons, hospices, lycées, colléges communaux, écoles spéciales, pensionnats, séminaires, communautés religieuses, etc. etc.);

Sommairement, c'est-à-dire par tentes et par douars, pour les tribus indigènes comprises en territoire de commandement.

Le nombre total des habitants ainsi recensés s'élève à 2,867,626, savoir :

En territoire civil : 1,316,364, dont 333,957 français et étrangers, 932.590 indigènes musulmans, et 49,817 individus comptés à part *(armée et population en bloc.*[1]

En territoire militaire : 1,551,236 dont 10,639 français et étrangers, 1,530,346 indigènes musulmans, et 10,227 individus comptés à part.

Ces 2,867,626 habitants se répartissent comme suit :

Français nés en Algérie...........	64.512	
— nés au dehors...........	130.260	232.298
Etrangers naturalisés français.....	4.020	
Israélites naturalisés français.....	33.506	
Etrangers......................................		158.387
Indigènes musulmans......................		2.476.941
Total égal...........		2.867.626

Les 158,387 Etrangers sont dénombrés comme suit, par catégorie d'origine :

Espagnols....................................	94.038
Italiens......................................	26.322
Anglais, Maltais et Irlandais.................	14.313
Allemands....................................	6.513
Suisses......................................	2.748
Turcs et Egyptiens...........................	2.663
Belges.......................................	792
Autrichiens..................................	191
Autres nationalités..........................	10.807
Total égal............	158.387

Dans le chiffre total de 2,867,626, l'effectif de l'armée figure pour 51,051 hommes (français, étrangers et musulmans indigènes), et la population en bloc, pour 8,890 individus des deux sexes et d'origines diverses.

Si, de ce chiffre total (2,867,626), on retranche l'effectif de l'armée, le chiffre de la population en bloc et celui de la population musulmane, on a, comme population *Européenne* proprement dite, 344,749 habitants, classés comme suit, par catégories de nationalités :

Français......................	155,727
Israélites indigènes naturalisés...	33,287
Espagnols......................	92,510
Italiens......................	25,759
Anglo-Maltais	14,220
Allemands	5,722
Autres nationalités.............	17,524
Total égal....	344,749

Cette population occupe 46 villes, dont 15 sur la Méditerranée, 31 à l'intérieur, — et 504 centres colonisés, villages ou hameaux.

Sur ces 344,749 européens qui habitent la colonie, 123,304, — plus du tiers — constituent la population *agricole.* — Un mot à ce propos :

On a longtemps prétendu que les villages algériens n'avaient guère, en fait d'habitants, que des cabaretiers. Cela, — *peut-être*, — était vrai au début de la conquête : mais on serait mal venu à le répéter aujourd'hui ; car la statistique officielle répondrait, avec l'éloquence des chiffres, que cette population rurale, âpre au gain, ardente à la lutte, ensemence, année moyenne, près de 400,000 hectares, récolte plus de 3 millions de quintaux de blé et possède un matériel dont la valeur dépasse 10 millions de francs !.

Et, en vérité, se sont ces vaillants pionniers qui défrichent le sol, dessèchent les marais, reboisent le pays, initient les indigènes à nos méthodes de cultures et concourent dans une large mesure au développement régulier de la civilisation ; — Que justice leur soit rendue !...

NOTE EXPLICATIVE

Les noms des localités des trois départements sont rangés dans un seul ordre alphabétique, sans aucune distinction entre les noms simples et les noms composés ; il n'y a d'exception que pour les Saints, qui forment une série à part, à la lettre S.

Les signes abréviatifs sont les suivants :

Dépt.	Département.
A.	Alger.
O.	Oran.
C.	Constantine.
Arrondt.	Arrondissement.
Ch.-l.	Chef-lieu,
Ch.-l. de comm.	Chef-lieu de commune de plein exercice.
Villg.	Village.
Ham.	Hameau.
Just. d. paix.	Justice de paix.
Brig. d. gendarm.	Brigade de gendarmerie.
Trésor.-pay.	Trésorier-payeur.
Recev. d. Dom.	Receveur des Domaines.
Recev. d. Contrib.	Receveur des Contributions.
Recev. d. P.	Receveur des Postes.
Bureau d. p.	Bureau de poste.
Caravans.	Caravansérail.
Succurs.'d. la B. d'Alg.	Succursale de la Banque d'Algérie.
Bur. de Bienf.	Bureau de bienfaisance.
Société de S. M.	Société de secours mutuels.
C. d'Eparg.	Caisse d'épargne.
Popul.	Population.
Hab.	Habitants.

Le nom de chaque localité est suivi de la désignation du département auquel elle appartient, de celle de la position géographique qu'elle occupe, du chiffre *officiel* de sa population, et de l'énumération des divers services administratifs qui y sont installés, savoir :

Préfectures ou sous-préfectures ; — divisions ou subdivisions militaires ; — tribunaux ; — justices de paix ; — notaires ; — défenseurs ; — huissiers ; — brigades de gendarmerie ; — chambres de commerce ; — églises ; — écoles ; — salles d'asile ; — trésoriers-payeurs ; — receveurs des domaines ; — receveurs des contributions ; — receveurs des postes et bureaux de poste ; — télégraphe ; — casernes ; — hôpitaux, etc..

AVERTISSEMENT

Le chiffre de la population n'est point indiqué pour toutes les localités : on ne donne, dans le dictionnaire, que les chiffres *officiels* publiés par l'Administration à la suite du dernier recensement.

Le nombre des habitants, tel qu'il est donné pour les villes, villages et hameaux, n'indique pas seulement la population *agglomérée :* il comprend aussi le nombre des individus (*européens et indigènes*), qui résident dans la banlieue. Le chiffre indiqué est donc celui de la population municipale, *agglomérée et éparse.*

Toutes les localités n'ont point conservé leur nom primitif ; — Exemple : *Alhirck* s'appelait antérieurement *Sidi-Khalifa* ; — *Ménerville* s'appelait *Col des Beni-Aïcha,* etc., etc.

Afin d'éviter aux lecteurs des recherches souvent infructueuses, nous donnons à la suite du dictionnaire la nomenclature des centres dont les noms ont changé.

DICTIONNAIRE

DES

COMMUNES

ET DES

PRINCIPALES LOCALITÉS DE L'ALGÉRIE

VILLES, VILLAGES, HAMEAUX

A

Aboukir. — Dépt. d'O.; — ch.-l. de comm. — villg. au S. E. et à 18 kil. de Mostaganem, et à 106 kil. d'Oran, sur la route de Mostaganem à Relizane — église; école mixte. — 2,291 hab.

Achèches. — Dépt de C. — tribu, — (comm. indig. de Batna); — Europ. 30.

Adélia. — Dépt. d'A.; — Stat. du ch. d. f. d'Alger à Oran, à 110 kil. d'Alger et à 12 kil. O. de la gare de Vesoul-Benian.

Adélia. — Dépt. d'A.; — ch.-l. de comm. mixte; — groupe de fermes, à proximité du hameau de Oued-Zeboudj et de la gare d'Adélia; — 118 hab.

Afensou. — Dépt de C.; — douar ; — (comm. indig. de Collo) ; — Europ. 55.

Aflou. — Dépt. d'O.; — ch.-l. de comm. indigène; — villg. au S. E. et à 194 kil. environ de Frendah, au S. et à 97 kil. de Taguin; —Bureau arabe; — Europ. 5.

Affreville. — Dépt. d'A.; — ch.-l. de comm.; — villg. sur la route nat. n° 4 d'Alger à Oran, au S. O. et à 140 kil. d'Alger et à proximité du ch. d. f.; — brig. de gendarm.; chapelle; écoles; salle d'asile; bur. de p.; télégr.; stat. et gare de premier ordre; remise pour les machines; stat. de correspondance du ch. d. f. pour Miliana et Teniet-el-Hâad ; — marché arabe chaque jeudi. — 1516 hab.

Ahl-el-Aïd. — Dépt. d'O.; — douar (comm. mixte de St-Denis-du-Sig) ; — Europ. 6 ; Indig. 1626.

Ahl-el-Asslan. — Dépt. d'O.; — douar (comm. mixte de Mostaganem); — Europ. 8.

Ahmed-ben-Ali. — Dépt. de C.; — ham. au S. O. et à 4 kilom. de Jemmapes;—église; école.—Europ. 123; — Indig. 193.

Ahmyan. — Dépt. d'O.; — douar (comm. mixte de Mekerra); arrondt. de Sidi-bel-Abbès; — Europ. 67; — Indig. 655.

Aïn-Abessa. — Dépt. de C.; — ch.-l. de comm. mixte ; — villg. au N. O. et à 25 kilom. de Sétif, sur la route de Bougie ; — église; écoles ; — bur. de p.; télégr. — 536 hab.

Aïn-Abid. — Dépt. de C.; — ham. sur la route du Kroub à Oued-Zenati, à égale distance environ de ces deux centres ; — brig. de gendarm.; église ; école mixte.

Aïn-Amara. — Dépt. de C.; — villg. au S. O. et à 42 kilom. de Guelma, route de Bône à Constantine ; — brig. de gendarm.

Aïn-Arnat. — Dépt. de C. ; — villg. à l'O. et à 9 kilom. de Sétif, sur la route de Sétif à Bordj-bou-Arréridj ; — oratoire protestant ; — école ; — bur. de p. — 301 hab.

Aïn-Barbar. — Dépt. de C. ; — mine de cuivre, au N. O. et à 32 kilom. de Bône; en exploitation.

Aïn-Beïda. — Dépt. d'A. ; — villg. à l'O. et à 2 kilom. d'Aïn-Taya, *(section d'Aïn-Taya).*

Aïn-Beïda. — Dépt. d'O. ; — ham. annexe de Valmy.

Aïn-Beïda. — Dépt. d'O. ; — ham. annexe de Mascara·

Aïn-Beïda-Kebira. — Dépt. de C. ; — ch.-l. de comm. ; — ch.-l. de cercle ; — villg. à 115 kilom. S. E. de Constantine, sur la route de Tébessa, au milieu de la tribu des Haractas et à 1,200 mètres d'altitude ; — justice de paix; huissier; brig. de gendarm. ; — église catholique et synagogue ; écoles ; salle d'asile ; — recev. des Dom. ; recev. des Contrib. ; recev. d. P. ; — Télégr.; société de S. M. — bureau arabe de 2ᵉ classe; — marché arabe, les lundi et jeudi de chaque semaine ; — 2,445 hab.; — massifs forestiers peuplés de chênes-verts, de pins d'Alep, de pistachiers, de térébynthes et de thuyas; —

mines : plomb argentifère, antimoine, fer, etc.;—salines
naturelles au sud du territoire.

Aïn-Bessem. — Dépt. d'A. ; — villg. et fermes dans
la plaine des Aribs, au N. et à 18 kilom. d'Aumale ; —
En voie de peuplement.

Aïn-Boudinar. — Dépt d'O. ; ch.-l. de comm. ; —
villg. à 8 kilom. de Pelissier et à 12 kilom. N.-E. de
Mostaganem ; — église; école mixte ; — 1,173 hab.

Aïn-Cherchar. — Dépt. de C. ; — villg. à 11 kilom.
N.-E. de Jemmapes, sur la route de Bône à Guelma ; —
villg. : 155 Europ. ; — banl. 1,370 Indig.

Aïn-Cheurfa. — Dépt. d'O. ; — douar (comm. mixte
de St-Denis-du-Sig) ; — Europ. 285 ; — Indig. 2,964.

Aïn-Defla. — Dépt. de C. ;— groupe de fermes, sur la
route de Constantine à Alger, à proximité du villg. de
Bordj-Medjana.

Aïn-el-Arba. — Dépt. d'O.; — ch.-l. de comm.; —
villg. au S.-O. et à 70 kilom. d'Oran, dans la plaine de
la M'leta ; — brig. de gendarm. ; — chapelle, école
mixte, salle d'asile ; — bur. de p. ; — 895 hab.

Aïn-el-Bey. — Dépt. de C. ; — Pénitencier militaire
indigène, au S. et à 14 kilom. de Constantine.

Aïn-el-Hadjar. — Dépt. d'O.; — villg. à l'O. et à
22 kilom. de Sidi-bel-Abbès, sur le chemin de cette ville
à la mer ; — 79 hab.

Aïn-el-Hadjar. — Dépt. de C. ; — caravans. sur la route de Batna à Bouçaâda, au S.-O. et à 125 kilom. de Batna, et à 90 kilom. E. de Bouçaâda.

Aïn-el-Ibel. — Dépt. d'A. ; — caravans. et villg. indigène, au S. E. et à 34 kilom. de Djelfa, sur la route d'Alger à Laghouat.

Aïn-el-Ouach. — Dépt. de C. ; — caravans. sur la route d'Aïn-Beïda à Tébessa, à 26 kilom. d'Aïn-Beïda, et à 13 kilom. de la Meskiana.

Aïn-el-Turck. — Dépt. d'O. ; — ch.-l. de comm. ; — villg. au N. O. et à 20 kilom. d'Oran sur le bord de la mer ; — église ; école mixte ; — bur. de p. — Les habitants font au moyen de l'extraction ou de la coupe de l'alfa, un commerce assez important de sparterie pour cordages, paniers ou corbeilles ; — 479 hab.

Aïn-el-Tureck. — Dépt. de C. ; — caravans. sur la route de Bougie à Sétif, par les Beni-Sliman.

Aïn-Farès. — Dépt. d'O. ; — villg. sur la route de Mascara à l'Hillil, à 14 kilom. de Mascara et à 38 de l'Hillil ; — en voie de peuplement.

Aïn-Fekan. — Dépt. d'O. ; — villg. au S. O. et à 20 kilom. de Mascara ; — église ; école mixte ; — bur. de p. ; — 283 hab.

Aïn-Fezza. — Dépt. d'O. ; — ham. à l'E. et à 10 kil. de Tlemcen, sur le chemin de grande communication de Tlemcen à Mascara ; — 69 hab.

Aïn-Gharabas. — Dép^t. d'O. ; — caravans. sur la route de Tlemcen à Sebdou, à 23 kilom. de Tlemcen.

Aïn-Guerfa. — Dép^t. de C. ; — villg. au S. et à 19 kil. de Constantine, sur le chemin de cette ville à El-Guerrah, au N., et à proximité de Guettar-el-Aïch.

Aïn-Haddada. — Dép^t. de C. ; — groupe de fermes, sur la route de Constantine à Batna, près d'Aïn-Mlila.

Aïn-Halloufa. — Dép^t. de C. ; — ham. sur la route de Tébessa à Aïn-Beïda, au N. O. et à 38 kilom. de Tébessa. — Grand'halte.

Aïn-Harrami, — Dép^t. de C. ; — caravans. sur la route de Souk-Ahras à Tébessa, au N. O. et à 80 kilom. de cette dernière ville.

Aïn-Kebira. — Dép^t. de C. ; — groupe de fermes sur la route de Constantine à Milah, au N. O. et 21 kilom. de Constantine.

Aïn-Kerma. — Dép^t. de C. ; — villg. sur la route de Constantine à Milah, au N. O. et à 20 kilom. de Constantine ; — villg. : 193 Europ. ; — banl. 2,968 Indig.

Aïn-Kermane. — Dép^t. d'A. ; — caravans. sur la route d'Aumale à Bouçaâda, au N. O. et à 32 kilom. de cette dernière ville.

Aïn-Khial. — Dép^t. d'O. ; — villg. au S. O. et à 15 kilom. d'Aïn-Temouchent ; — bur. de p. ; — 210 hab.

Aïn-Legatha. — Dépt. d'A. ; — ham. sur la r. g. de l'Oued-Isser ; territoire d'Isserbourg ; 10 fermes.

Aïn-Louba. — Dépt. de C. ; — ham. sur la route de Bône à Guelma, à 12 kilom. de Bône.

Aïn-Madhi. — Dépt d'A. ; — ville arabe située à l'O. et à 48 kilom. de Laghouat.

Aïn-Melah. — Dépt. de C. ; — ham. au S. et à 8 kilom. de Sétif ; — fondé par la Cie Génevoise.

Aïn-Meurgoun. — Dépt. de C. ; — caravans. sur la route de Bougie à Sétif, par les Beni-Sliman.

Aïn-M'lila. — Dépt. de C. ; — ch.-l. de comm. mixte ; villg. à 49 kilom. S. de Constantine, sur la route de cette ville à Batna ; — brig. de gendarm. ; — bur. de p. ; — villg. 135 Europ. ; — banl. 1,365 Indig.

Aïn-Mokra. — Dépt. de C. ; — ch.-l. de comm. ; — villg. à 31 kilom. S. O. de Bône ; — (voie ferrée) ; — brig. de gendarm. ; — école mixte. — Auprès du village, riche mine de fer qu'on exploite à ciel ouvert ; — marché important tous les dimanches ; — 1,641 hab.

Aïn-Nouissy. — Dépt. d'O. ; — ch.-l. de comm. ; — villg. à 16 kilom. S. O. de Mostaganem, au débouché de la route de Mascara dans la plaine de l'Habra ; — brig. de gendarm. ; église ; école mixte ; salle d'asile ; — Source sulfureuse ; — 1,070 hab.

Aïn-Ouillis. — Dépt d'O. ; — ham. situé dans le Dahra,

3

à 37 killom. de Mostaganem, à 13 kilom. du Pont-du-Chéliff et à 5 kilom. de Bosquet ; — 35 hab.

Aïn-Oussera. — Dépt. d'A. ; — caravans. sur la route d'Alger à Laghouat, au S. E. et à 54 kilom. de Boghar.

Aïn-Refala. — Dépt. d'A. ; — ham. sur la r. g. de l'Oued-Isser, territoire d'Isserbourg.

Aïn-Regada. — Dépt. de C. ; ch.-l. de la comm. mixte de l'Oued-Zenati ; — villg. sur la route du Kroubs à Guelma, entre Aïn-Abid et Oued-Zenati, et à égale distance environ de ces deux centres.

Aïn-Remel. — Dépt. de C. ; — groupe de fermes à 27 kilom. de Constantine.

Aïn-Rich. — Dépt. d'A. ; caravans. et gîte d'étape sur la route de Bouçaâda à Laghouat, au S. et à 75 kilom. de Bouçaâda.

Aïn-Rhoul. — Dépt. de C. — villg. au S. O. et à 23 kilom. de Guelma.

Aïn-Rouah. — Dépt. de C. ; — villg. à 29 kilom. N. O. de Sétif, sur la route de Bougie ; — école ; — 151 hab.

Aïn-Sedjera. — Dépt. de C. ; — tribu (comm. indig. d'Aïn-Beïda) ; — Europ. 20.

Aïn-Seynour. — Dépt. de C. ; — villg. et fermes à 11 kilom. de Souk-Ahras, route de Bône ; — 162 hab.

Aïn-Sfia. — Dépt. de C. ; — villg. à 3 kilom. de Sétif, sur la route de Batna.

Aïn-Si-Belkassem. — Dépt. d'A.; Pénitencier militaire indigène, près d'Aumale.

Aïn-Sidi-Cherif. — Dépt. d'O. ; — villg. à 4 kilom. O. d'Aboukir et à 17 kilom. de Mostaganem ; — 361 hab.

Aïn-Smara. — Dépt. de C. ; — ch.-l. de comm.; — villg. à 19 kilom. de Constantine, sur la route de Sétif ; — église ; école ; — brig. de gendarm. ; — 2,035 hab.

Aïn-Sofra. — Dépt. d'O. ; villg. près Sidi-Bel-Abbès ; chap. ; école mixte.

Aïn-Sultan. — Dépt. de C. ; villg. et fermes, au N. et à 8 kilom. de Bordj-bou-Arréridj, sur la route de cette ville à Bougie.

Aïn-Sultan. — Dépt. d'A.; — ch.-l. de comm.; — villg. au S. E. et à 16 kilom. de Milianah ; — église ; école mixte ; — 643 hab.

Aïn-Tagrout. — Dépt. de C. ; — douar et villg. au S. O. et à 31 kilom. de Sétif, sur la route de cette ville à Bordj-bou-Arréridj ; — Europ. 104; Indig. 1,810.

Aïn-Tahamimin. — Dépt. de C. ; — villg. sur la route de Duvivier à Souk-Ahras, au S. E. et à 12 kilom. de Duvivier.

Aïn-Taya. — Dépt. d'A. ; — ch.-l. de comm.; — villg. à l'E. et à 32 kilom. d'Alger; — église ; école ; — 635 hab.

Aïn-Tédelès. — Dép. d'O. ; ch.-l. de comm. ; — villg. au N. E. et à 21 kilom. de Mostaganem, sur un plateau qui descend vers la vallée du Chéliff ; — brig. de gendarm. ; chapelle ; écoles ; salle d'asile ; — Société de s. m. ; — marché arabe tous les lundis ; — 2,025 hab.

Aïn-Témouchent. — Dépt. d'O. ; ch.-l. de comm. ; — villg. au S. O. et à 72 kilom. d'Oran, sur la route de Tlemcen ; — justice de paix ; notaire ; huissier ; brig. de gendarm. ; église ; écoles ; salle d'asile ; recev. des Dom. ; recev. des Contrib. ; bur. de p. ; télégr. ; caserne ; marché arabe tous les jeudis ; — 2,304 hab.

Aïn-Tolba. — Dépt. d'O. ; — caravans. sur la route de Maghrnia à Nemours, à 12 kilom. de Maghrnia et à 22 kilom. de Nemours.

Aïn-Touta. — Dépt. de C. ; — villg. au S. O. et à 34 kilom. de Batna ; — école mixte ; — 112 hab.

Aïn-Trick. — Dépt. de C. ; — villg. au S. E. et à 6 kil. de Sétif ; — fondé par la Cie Génevoise.

Aïn-Yagout. — Dépt. de C. ; — villg. au S. et à 35 kil. d'Aïn-M'lila, route de Batna ; brig. de gendarm.

Aïn-Zaouia. — Dépt d'A. ; — villg. à l'E. et à 6 kilom. de Dra-el-Mizan, route de Dra-el-Mizan à Fort-National ; — créé en 1875 ; — école mixte ; — 466 hab.

Aïn-Ameur. — Dépt. de C. ; — tribu (comm. indig. de Bougie). — Europ. 17.

Alaïmia. — Dép^t. d'O. ; — douar (comm. mixte de St-Denis-du-Sig). — Europ. 15 ; Indig. 2,571.

Alger. — Ville, place forte de première classe et port maritime et de commerce, à 1,641 kilom. de Paris et à 772 kilom. de Marseille ; — ch.-l. de comm. ; — siége du gouvernement général, de la haute administration de l'Algérie et des administrations particulières qui sont centralisées sous l'action directe du Gouverneur général : *(Inspection générale des finances et des travaux publics, Instruction publique, Postes, Télégraphie, Douanes, Inspections générales des Etablissements de bienfaisance et des prisons civiles)* ; — résidence de l'Archevêque métropolitain ; — résidence des Commandants supérieurs de la marine et du génie ; — résidence des Consuls généraux étrangers. — Quartier général de la 1re division militaire de l'Algérie, résidence de l'Intendant divisionnaire et siége du 1er conseil de guerre et du conseil de révision. — Amirauté, arsenal et chantiers de constructions et de réparations. — Directions des fortifications et de l'artillerie, arsenal d'artillerie et parc de constr. des équip. milit. — Ch.-l. de dép^t. ; — subdivision militaire ; — direction divisionnaire des bureaux arabes ; — Commission discip^{re} sup^{re} ; — Cour d'appel, Tribunal de première instance, Justices de paix, Tribunal de commerce ; tribunaux indigènes (mahakemas de cadis). — Académie universitaire, Ecole préparatoire de médecine et de pharmacie, Chaire d'arabe, Ecole de droit musulman, Lycée, Ecole normale primaire, grand et petit séminaires, Ecoles communales de garçons et de filles, Asiles, Institutions privées pour les deux sexes, Ecole ouverte par la Ligue de l'enseignement, Musée et Bibliothèques, Société des Beaux-Arts, Société de climatologie, Société d'agriculture, Exposition permanente des produits algériens. — Eglise métropolitaine, églises paroissiales, couvents ; temple protestant, synagogue, mosquées. — Trésorerie, — Direct. des postes, Inspect. télégraphique. — Observatoire (extra-muros), route d'El-Biar. — Banque de l'Algérie, — succursale du Crédit foncier de France, — comptoir central de la Compagnie algérienne. — Chambre de commerce, — Direction de l'exploitation des Chemins de fer algériens, — Agences des Messageries nationales maritimes, de la Compagnie Valéry frères, de la Compagnie de Navigation mixte, de la Société générale des transports maritimes à vapeur de la ligne péninsulaire et algérienne, — Docks. — Casernes d'infanterie, de cavalerie, d'artillerie et du génie ; — prison et pénitencier militaires, — manutention et magasins militaires. — Hôpital mitaire du Dey (extra-muros). — Prison civile pour les hommes, — maison de détention pour les femmes. — Théâtres, cafés-concerts, orphéon, jardin public, cercles. — Population (ville et banlieue) : — Français, 18,216 ; — Israélites naturalisés français, 7,098 ; — Etrangers, 16,381 ; — Musulmans, 11,013. — Total, 52,708.

Alkirk. — Dépt. de C. ; — ham. au N. et à 14 kilom. de Oued-Athménia, entre ce villg. et Milah ; — chapelle ; — école mixte ; — 248 hab.

Allaouna. — Dépt. de C. ; — tribu (comm. indig de Tébessa) ; — Europ. 17.

Ameur-el-Aïn. — Dépt. d'A. ; — ch.-l. de comm. ; — villg. à l'O. et à 6 kilom. d'El-Affroun, route de Cherchell ; — église ; écoles ; — 436 hab.

Ammi-Moussa. — Dépt. d'O. ; — ch.-l. de comm. mixte ; — subdiv. d'O. ; — villg. et poste militaire au N. E. et à 70 kilom. de Relizane ; — Ch.-l. de cercle et bur. arabe; — église ; écoles ; — 210 hab.

Amoucha. — Dépt. de C. ; — villg. sur la route départementale de Sétif à Bougie, à 26 kilom. de Sétif et à 86 kilom. de Bougie ; — en voie de peuplement.

Amoucha. — Dépt. de C. ; — tribu (comm. indig. de Takitount) ; — Europ. 31.

Amourah. — Dépt. d'A. ; — gîte d'étape, sur la route de Bouçaâda à Laghouat, au S. O. et à 121 kilom. de Bouçaâda.

Andelou. — Dépt. de C. ; — caravans. sur la route d'El-Milia à Constantine, à 35 kilom. d'El-Milia et 55 kil. de Constantine.

Angad. — Dépt. d'O. ; — tribu (comm. mixte de Sebdou) ; — chantiers d'alfa ; — Europ. 128.

Aomar. — Dépt. d'A. ; — villg. au S. O et à 3 kilom. de Dra-el-Mizan, sur la route de cette ville à Alger ; — école mixte; — en voie de peuplement.

Arba (l'). — Dépt. d'A. ; — ch.-l. de comm. ; — villg. au S. et à 30 kilom. d'Alger, sur la route de cette ville à

Aumale ; — brig. de gendarm. ; justice de paix ; huissier ; bur. arabe, annexe de la subdiv. d'Alger ; église ; écoles ; salle d'asile ; médecin de colonisation ; recev. des Contrib. ; recev. des P. ; télégr. ; — 2,732 hab.

Arbal. — Dépt. d'O. ; — arrêt sur le ch. de f. d'Oran à Alger, au S. E. et à 17 kilom. d'Oran.

Arbal. — Dépt. d'O. ; villg. au S. O. et à 20 kilom. de l'arrêt de l'Arbal, au N. et à 35 kilom. environ de Sidi-bel-Abbès, sur le chemin de ceinture de la M'léta ; — église ; école ; — ruines romaines.

Arba du Djendel. — Dépt. d'A. ; — caravans. sur la route de Milianah à Médéah, à 28 kilom. de Miliana.

Arbatache. — Dépt. d'A. ; — ch.-l. de comm. mixte ; — villg. à l'O. et à 20 kilom. de Palestro, route du Fondouck ; — villg. et banl. : 3,132 hab.

Arb-el-Goufi. — Dépt. de C. ; — douar (comm. indig. de Collo) ; — Europ. 185.

Arcole. — Dépt. d'O. ; — villg. à 8 kilom. N. de Sidi-Chami et à 5 kilom. E. d'Oran ; — église ; école ; — fermes et villas ; — 345 hab.

Ardjet-el-Guetaf. — Dépt. d'O. ; — caravans. sur la route de Mascara à Tiaret, et à 58 kilom. de Mascara.

Arlal. — Dépt. d'O. ; — villg. et fermes, au S. E. et à 14 kilom. d'Aïn-Temouchent, sur le chemin de cette ville à Sidi-bel-Abbès ; — église ; école ; —163 hab.

Armée-française. — Dépt. de C. ; — ham. à 14 kilom. d'El-Arrouch.

Arzew. — Dépt. d'O. ; — ville et port maritime, au N. E. et à 43 kilom. d'Oran ; — ch.-l. de comm. ; — brig. de gendarm. ; — église, école ; salle d'asile ; — bur. de bienf.; — soc. d. s. m.; — défenses maritimes ; caserne ; pavillon d'officiers ; — ambulance ; — recev. des Contrib. ; — recev. des P. ; — télégr. ; — tête de ligne du ch. d. f. d'Arzew à Saïda ; — 1,761 hab.

A 16 kilom. au S. O. de la ville, il existe une saline naturelle, qui a 2,750 hect. de superficie; elle fournit annuellement plusieurs mille tonnes de sel, et une partie de ses produits est exportée à l'Etranger.

Assi-Ameur. — Dépt. d'O. ; — ch.-l. de comm. ; — villg. à l'E. et à 19 kilom. d'Oran; — école ; — 251 hab.

Assi-ben-Ferréah. — Dépt. d'O. ; — villg. au N. et à 2 kilom. de St-Louis et à 12 kilom. de St-Cloud ; — école mixte ; — 232 hab.

Assi-ben-Okba. — Dépt. d'O. ; — ch.-l. de comm. ; — villg. à l'E. et à 21 kilom. d'Oran, sur la route de cette ville à Mostaganem; — église; école mixte ; — 319 hab.

Assi-bou-Nif. — Dépt. d'O. ; — ch.-l. de comm. ; — villg. à l'E. et à 15 kilom. d'Oran, dans un bassin fermé; — église; école ; — 338 hab.

Assi-el-Abiod. — Dépt. d'O. ; — ham. près Valmy et à 12 kilom. d'Oran.

Attéla. — Dépt. d'O.; fermes à 6 kilom. de Mascara, sur la route de Frendah.

Attatba. — Dépt. d'A. ; — ch.-l. de comm. ; — villg. au S. O. et à 19 kilom. d'Alger, sur la route de Koléah à Marengo ; — chapelle ; — école mixte ; — 1,494 hab.

Aumale. — Dépt. d'A. ; — ch.-l. de subdiv. milit. ; — ch.-l. de cercle ; — ch.-l. de comm. ; — ville et poste militaire à 125 kilom. d'Alger, entre Sétif et Médéah ; — just. d. paix ; notaire ; huissier ; brig. de gendarm. ; église ; école ; mixte ; trésor. pay ; recev. des Dom. ; recev. des Contrib. ; recev. des P. ;télégr. ; casernes d'infant. et de caval. ; vastes magasins ; hôp. milit. ; — 4,554 hab. ; — marché arabe chaque dimanche.

Ayades. — Dépt. de C. ; — fermes ; route de Constantine à Djidjelly, à 4 kilom. de Rouffach et à 20 kilom. de Constantine.

Azela. Dépt. d'O. ; — ham. près Palikao, route de Tiaret.

B

Baba-Ali. — Dépt. d'A. ; — ancienne ferme arabe ; arrêt du ch. de f. d'Alger à Oran, à 23 kilom. d'Alger. —vaste exploitation agricole;—moulin à blé avec moteur hydraulique; briqueterie.

Baba-Hassen. — Dépt. d'A. ; — ch.-l. de comm. ; — villg. au N. et à 5 kilom. de Douéra;—école;—300 hab.

Bab-Ali. Dépt. d'O. ; — villg. arabe au N. et à 1 kilom. de Mascara.

Bab-el-Oued. — Dépt. d'A. ; — un des faubourgs

d'Alger (canton nord) ; — Lycée ; jardin public (jardin Marengo) ; — arsenal d'artillerie ; pénitencier militaire ; place servant de champ de manœuvres.

Backtach. — Dép^t. de C. ; — groupe de fermes situées dans la comm. d'Aïn-Smara, à 10 kilom S. O. de ce villg. près de la route de Constantine à Sétif.

Baïnem. Dép^t. d'A. ; — forêt domaniale située à 10 kil. d'Alger, entre la Pointe-Pescade et le Cap Caxine.

Bains de la Reine. — Dép^t. d'O. ; — Etablissement d'eaux thermales, entre Mers-el-Kébir et Oran, à 3 kil. de cette dernière ville.

Baniou. — Dép^t. de C. ; — caravans. sur la route de M'sila à Bouçaâda, au S. O. et à 42 kilom. de M'sila.

Barika. — Dép^t. de C. ; (subdivis. militaire de Batna) ; — poste milit. et bur. arabe, à l'E. du Chott El Hodna et à 76 kilom. N. O. de Biskra ; — 22 hab.

Barral. — Dép^t. de C. ; — ch.-l. de comm. ; — villg. sur le chemin de fer de Bône à Guelma et à 31 kilom. S. de Bône ; — église ; écoles ; salle d'asile ; — stat. du ch. d. f. ; — 580 hab.

Batna. — Dép^t. de C. ; — ch.-l. de comm. et de subdiv. milit. ; — ville au S. O. et à 119 kilom. de Constantine. — Elle est située sur l'Oued-Batna, au milieu d'une vaste plaine ; — just. d. paix ; notaire ; huissiers ; gendarm. ; église ; écoles ; salle d'asile ; trésorier payeur ; recev. des Dom. ; recev. des Contrib. ; receveur des P. ; télégr. ; Bur. de bienf. ; — ch.-l. de cercle ; bur. ar. : — magasins.

casernes ; hôp. milit.;—3,757 hab.;—à 5 kilom. N. O., belle forêt de cèdres.

Begra. — Dépt. de C. ; — ham. à 21 kilom. de Jemmapes.

Belda-Bordj. — Dépt. de C. ; — douar (comm. mixte des Eulmas), arrondt. de Sétif ; — Europ. 46.

Bel-Assel. — Dépt. d'O. ; — ham. au N. et à 20 kilom. de Relizane ; — Europ. 11 ; — Indig. 968.

Belfort. — Dépt. de C. ; — arrondt. ; de Constantine ; villg. sur la route de Milah à Oued-Atménia, et à 26 kilom. au N. de ce dernier centre ; — chap ; école mixte ; — en voie de peuplement.

Bel-Imour. — Dépt. de C. ; — villg. et fermes au S. E. et à 15 kilom. de Bordj-bou-Arréridj.

Belle-Fontaine. — Dépt. d'A. ; — canton de Ménerville ; — villg. sur la route d'Alger à Constantine, à 48 kilom. E. d'Alger ; — chap. ; école mixte ; — villg. et banl. : 1717 hab.

Ben-Aknoun. — Dépt. d'A. ; ham. à 8 kilom. d'Alger, route de Douéra ; ancien orphelinat de garçons.

Ben-Amar. — Dépt. de C. ; — maisons et fermes, à 8 kilom. de Bône, sur le chemin de cette ville aux Lacs.

Ben-Attab. — Dépt. d'O. ; — caravans. sur la route de Saïda à Géryville, et à 44 kilom. de cette dernière ville.

Ben-Chaban. — Dép^t. d'A. ; — ham. près du villg. de St-Ferdinand ; — 59 hab.

Ben-Chicao. — Dép^t. d'A. ; caravans. et fermes sur la route de Laghouat, au S. E. et à 23 kilom. de Médéah.

Ben-Chicao. — Dép^t. d'A. ; — villg. à 2 kilom. de la route nationale d'Alger à Laghouat. au S. E. et à 15 kilom. de Médéah ; — en voie de peuplement.

Ben-N'Choud. — Dép^t. d'A. ; — Arrond^t. de Dellys ; villg. sur la route d'Alger à Dellys, au S. et à 11 kilom. de cette dernière ville ; — chap. ; — école mixte.

Beni-Afeur. — Dép^t. de C. ; — tribu (comm. indig. de Djidjelli) ; — Europ. 9.

Beni-Amran. — Dép^t. d'A. ; — villg. à 8 kilom. S. de Ménerville, et à 2 kilom. de Souk-El-Haàd ; — en voie de peuplement.

Beni-Aydel. — Dép^t. de C. ; — tribu (comm. indig. d'Akbou) ; Europ. 10.

Beni-Foudah. — Dép^r. de C. ; — villg. et fermes à 28 kilom. N. E. de Sétif, et à 15 kilom. de St-Arnaud ; — en voie de peuplement.

Beni-Foughal. — Dép^t. de C. ; — tribu (comm. indig. de Djidjelli) ; — Europ. 7.

Beni-Idder. — Dép^t. de C. ; — tribu (comm. indig. de Djidjelli) ; — Europ. 6.

Beni-M'Ahmed. — Dépᵗ. de C..; — douar (comm. mixte d'Aïn-Mokra), arrondᵗ de Bône; — Europ. 11. — Indig. 1,548.

Beni-M'Ahmed. — Dépᵗ. de C.; — tribu (comm. indig. de Bougie); — Europ. 18.

Beni-Maned. — Dépᵗ. d'A.; — ferme au S. de Palestro, à droite de la route de Bordj-Bouïra.

Beni-Mansour. — Dépᵗ. d'A.; — subdiv. d'Aumale; — Poste militaire et bureau arabe, sur la route d'Alger à Constantine, au S. E. et à 174 kilom. d'Alger, sur la limite des départements d'Alger et de Constantine.

Beni-Méred. — Dépᵗ. d'A.; ch.-l. de comm.; — villg. stat. du ch. d. f. d'Alger à Oran, à 44 kilom. d'Alger; — église, école, salle d'asile; bur. de p.; — 503 hal.

Beni-Saf. — Dépᵗ. d'O; — villg. à l'E. et à 2 kilom. de Rachgoun, sur le bord de la mer; — Port d'embarquement des minerais extraits des minières de Beni-Saf, à l'O. et à 20 kilom. d'Aïn-Temouchent; — poste de douaniers; — 1,114 hab.

Beni-Salah. — Dépᵗ. de C.; — tribu (comm. indig. de Bône); — Europ. 162.

Beni-Slyem. — Dépᵗ. d'A.; ham. à l'E. et à 6 kilom. de Dellys, sur la route de Dra-el-Mizan; — en voie de peuplement.

Beni-Smiel. — Dépᵗ. d'O.; tribu (comm. mixte de Sebdou); — Europ. 24.

Beni-Touffout. — Dép^t. de C. ; — tribu (comm. indig. de Collo) ; — Europ. 70.

Bérard. — Dép^t. d'A. ; — villg. situé près de la mer, sur la route d'Alger à Tipaza, à l'E. et à 18 kilom. de ce centre et à 10 kilom. S. O. de Castiglione ; — 162 hab.

Berbessa. — Dép^t. d'A. ; — ham. au S. O. et à 4 kilom. de Koléah, sur la r. g. du Mazafran.

Berkech. — Dép^t. d'O. ; — douar (comm. mixte d'Aïn-Temouchent) ; — Europ. 67 ; — Indig. 3,714.

Berrouaghia. — Dép^t. d'A. ; — ch.-l. de comm. ; villg. sur la route d'Alger à Laghouat, à 122 kilom. S. d'Alger et à 32 kilom. S. de Médéah ; — brig. de gendarm. église, école mixte, bur. de p., télégr. ;— bergerie et ferme modèle. — 493 hab.

Bessonbourg. — Dép^t. de C. ; — villg. forestier à l'O. et à 14 kilom. de Collo. — Exploitation forestière.

Beymouth. — Dép^t. d'O. ; — Un des faubourgs de Mostaganem.

Bir-Aïssa. — Dép^t. de C. ; — villg. et fermes à l'E. et à 15 kilom. environ de Bordj-bou-Arréridj.

Bir-Debacha. — Dép^t. de C. ; — groupe de fermes, au S. de la route de Constantine à Sétif, au S. O. et à 30 kilom. de Constantine, près d'Aïn-Smara, territoire dépendant du caïdat des Azels.

Birkadem. — Dépt. d'A. ; — ch.-l. de comm. ; — villg. au S. et à 11 kilom. d'Alger, sur la route d'Alger à Blidah ; — brig. de gendarm. ; — église ; écoles ; — bur. de p. ; — pénitencier militaire ; — 1,360 hab.

Bir-Kasdall. — Dépt. de C. ; — villg. et fermes à l'O. et à 34 kilom. de Sétif.

Birmandreiss. — Dépt. d'A. ; — ch.-l. de comm. ; — villg. sur la route d'Alger à Blidah, et à 7 kilom. d'Alger, à l'extrémité du *Ravin de la femme sauvage* ; — église ; école mixte. — 1,009 hab.

Bir-Rabalou. — Dépt. d'A. ; — ch.-l. de comm. ; — villg. sur la route d'Alger à Aumale, au N. et à 20 kilom. de cette dernière ville ; — brig. de gendarm. ; — église ; école mixte ; — bur. de p. ; — télégr. ; — 154 hab.

Bir-Safsaf. — Dépt. d'A. ; — villg. sur la voie ferrée d'Alger à Oran, à 3 kilom. de l'arrêt de Témoulga, à 6 kilom. de l'Oued-Fodda et à 7 kilom. des Attafs ; — en voie de peuplement.

Bir-Touta. — Dépt. d'A. ; — ch.-l. de comm. — villg. et stat. du ch. d. f. d'Alger à Oran, à 25 kilom. d'Alger ; — école mixte ; — bur. de p. ; — 505 hab.

Biskra. — Dépt. de C. ; — (Subdiv. de Batna) ; ville et poste militaire ; ch.-l. de comm. mixte et de cercle ; situé sur le versant méridional de l'Aurès, à l'entrée du Désert, à 119 kilom. S. E. de Batna ; — Just. d. Paix ; huissier ; — église : école ; école arabe-française ; salle d'asile ; — trésor. pay. ; recev. des Dom. ; recev. des Contrib. ; recev. des P. ; télégr. — Le Fort St-Germain, qui domine la ville, contient les citernes et tous les établissements militaires ; casernes ; hôpital ; magasins des subsistances militaires ; cercle etc. ; — 1,607 hab.

Bitche. — Dép^t. de C. ; — villg. sur la route de Bougie à Beni-Mansour, au S. O. et à 26 kilom. de Bougie; école — brig. de gendarm ; — bur. de p. ; télégr. ; — 374 hab.

Bizot. — Dép^t. de C. ; — ch.-l. de comm. ; — villg. au N. et à 15 kilom. de Constantine ; — station du ch. d. fer de Philippeville à Constantine ; — église ; écoles; salle d'asile; recev. des Contrib.; bur. de p. ;—4,606 hab.

Blad-Chaba. — Dép^t. d'O. ; — Smala de spahis et ham., au N. E. et à 6 kilom. de Lalla-Maghrnia.

Blad-Ghaffar. — Dép^t. de C. ; — ham. sur le chemin de Guelma à Souk-Ahras, à 11 kilom. S. E. de Guelma ; — peuplement effectué par des familles savoisiennes.

Blad-Guitoun. — Dép^t. d'A. ; — ch.-l. de comm. ; — villg. à 24 kilom. E. de l'Alma;—église; école;—813 hab.

Blad-Touaria. — Dép^t. d'O. ; — ch.-l. de comm. ; — villg. à 18 kilom. de Mostaganem, et à 5 kilom. d'Aboukir ; — église ; école mixte ; — 1,935 hab.

Blad-Touaria. — Dép^t. d'O. ; — ham. au N. et à 4 kil. du villg. précédent et à 12 kilom. de Mostaganem.

Blidah. — Dép^t. d'A. ; — ch. l. de comm. ; — ville au

S. O. et à 49 kilom. d'Alger, au pied de l'Atlas ; — Stat. du ch. d. fer d'Alger à Oran ; — tribunal de 1re instance ; — just. d. paix ; — notaires ; — défenseurs ; — huissiers ; — conseil de guerre ; — gendarmerie ; — église ; temple protestant ; — collége municipal ; — institutions laïques ; écoles congréganistes ; salle d'asile ; — caserne d'infant. et de caval. ; — haras ; dépôt d'étalons ; — hôpital ; — trésor. payeur ; — rec. des Dom. ; recev. des Contrib. ; recev. des P. ; — télégr. ; — bur. de bienf. ; — société de S. M. ; — foire du 15 au 20 août de chaque année ; — marché arabe tous les vendredis ; — 10,806 hab.

Boghar. — Dépt. d'A. ; — ch.-l. de comm. ; — ville située à 172 kilom. S. d'Alger et à 80 kilom. de Médéa, à droitre de la route d'Alger à Laghouat ; — poste essentiellement militaire ; — ch.-l. de cercle ; — église ; écoles ; salle d'asile ; — recev. des Contrib. ; recev. des P. ; — télégr. ; — bur. de bienf. ; — marché tous les jeudis sur la place du village ; — 1,963 hab.

Boghari. — Dépt. d'A. ; — ch.-l. de comm. ; — villg. routier, sur la route d'Alger à Laghouat, à 166 kilom. S. d'Alger et à 87 kilom. de Médéa ; — just. d. paix ; huissier ; gendarmerie ; — école ; — télégr ; — 1,020 hab.

Bois-Sacré. — Dépt. d'A. ; — villg. sur la rive gauche du Sébaou, à 12 kilom. de Dellys ; — école mixte ; — villg. et banl. : 1,565 hab.

Bône. — Dépt. de C. ; — ville et port militaire, à 159

kilom. N. E. de Constantine et à 84 kilom. E. de Philippeville ; — sous-préfecture ; — ch.-l. de subdivision
militaire ; — ch.-l. de comm.; — tribun. de 1re instance ;
just. de paix ; notaires ; défenseurs ; huissiers ; —
brig. de gendarm. ; — atelier n° 6 de condamnés militaires ; — églises ; temple protestant ; synagogue ;
mosquée — collège communal ; école laïques et congréganistes ; école française-israélite ; salles d'asile ; —
trésor. pay. ; recev. des Dom. ; recev. des Contrib.;
— recev. des P. ; — télégr. ; — douanes ; — hôpitaux ;
— succurs. d. la B. d'Alg. ; — sociétés d. S. M. ; — bur.
de bienf.; — caisse d'épargnes; — comice agricole; —
théâtre; — tête de ligne du chem. d. f. de Bône à Guelma ;
— pop. : 6,037 français; — 666 israélites naturalisés; —
9,996 étrangers européens ; — 6,487 indigènes musulmans ; total : 23,186 hab.

Bordj-Ali-Bey. — Dépt. de C. ; — ham. à l'O. et à
26 kilom. de La Calle, route de Bône ; — caravans.

Bordj-ben-Zekri. — Dépt. de C. ; — maison de com-
mandt. à 40 kilom. de Constantine, route de Tébessa.

Bordj-Boghni. — Dépt. d'A. ; — villg. et fermes, sur
la route de Fort-National à Dra-el-Mizan, à 14 kilom. de
cette dernière ville ; — école; — bur. de p.; — 282 kab.

Bordj-Honi. — Dépt. de C.; — caravans. sur la route de
Bordj-bou-Arréridj à Metz (Akbou), à 37 kilom. de Bordj-
bou-Arréridj.

Bordj-bou-Arréridj. — Dépt. de C. ; — ch.-l. de

comm. et de cercle ; — villg. et poste militaire sur la route de Constantine à Alger, à 191 kilom. S. E. de Constantine, à l'O. et à 65 kilom. de Sétif ; — bur. arabe ; — brig. de gendarm. ; — huissiers ; — église ; écoles ; recev. des Dom. ; recev. des Contrib. ; recev. des P. ; — télégr. ; — société de S. M. — 1,450 hab.

Bordj-Bouïra. — Dépt. d'A. ; — subdiv. d'Aumale ; — ch.-l. de comm. mixte ; — villg. et fermes sur la route d'Alger à Constantine ; à 42 kilom. S. E. de Palestro et à 37 kilom. N. E. d'Aumale ; — brig. de gendarm. ; — église ; écoles ; recev. municip. ; — 413 hab.

Bordj-bou-Meroon. — Dépt. de C. ; — caravans. sur la route de Bougie à Djidjelli. à 60 kilom. de Bougie et à 54 kilom. de Djidjelli.

Bordj-de-Chana. — Dépt. de C. ; — caravans. sur la route de Djidjelli à Constantine, à 32 kilom. de Djidjelli et à 95 kilom de Constantine.

Bordj-Mamra. — Dépt. de C. ; — ham. au N. O. de St-Donat, sur la droite et près du chemin qui conduit de Oued-Athménia à St-Arnaud, à 21 kilom. de ce dernier centre ; — brig. de gendarm.

Bordj-Medjana. — Dépt. de C. ; — villg. sur la route du Hodna, à 14 kilom. N. O. de Bordj-bou-Arréridj ; — 435 hab. ; — en voie de peuplement.

Bordj-Menaïel. — Dépt. d'A. ; — ch.-l. de com. ; — villg. à l'E. et à 71 kilom. d'Alger, sur la route d'Alger à

Tizi-Ouzou ; — just. de paix ; huissier ; — brig. de gendarm. ; — église ; écoles ; salle d'asile ; — recev. des Contrib. ; recev. des P. ; — télégr. ; — 649 hab.

Bordj-Tahar. — Dépt. de C. ; — caravans. sur la route de Djidjelli à Constantine, à 37 kilom. de Djidjelli et à 90 kilom. de Constantine.

Bosquet. — Dépt. d'O. ; — villg. sur la route du Dhara, à 24 kilom. du Pont du Chéliff et à 41 kilom. de Mostaganem ; — école mixte ; — 226 hab.

Bou-Adjar. — Dépt. de C. ; — ham. au S. O. et à 80 kilom. de la Calle.

Boudaroua. — Dépt. de C. ; — villg. et fermes, sur la route de Bône à Souk-Ahras.

Bou-Djebâa. Dépt. d'O ; — douar (comm. mixte de Mekerra) ; — Europ. 20 ; Indig. 1,234.

Bou-Faïma. — Dépt. d'A. ; — ham. sur le chemin d'Isserville à Dra-el-Mizan, au N. O. et à 4 kilom de cette dernière ville ; — école mixte.

Boufarick. — Dépt. d'A. ; — ch.-l. de comm. ; — ville à 35 kilom. S. O. d'Alger et à 15 kilom. de Blidah ; — stat. du ch. de f. d'Alger à Oran ; — just. d. paix ; — notaire ; huissier ; — brig. d. gendarm. ; — église ; — temple protestant ; — écoles ; — salle d'asile ; — bur. de bienf. ; — société de S. M. ; — recev. d. Dom. ; — recev. d. Contrib. ; — recev d. P. ; — télégr. ; — 5,292 hab.

Bou-Fernana. — Dépt. de C. ; — villg. au S. E. et à 22 kilom. de Philippeville.

Bou-Fouah. — Dépt. de C. ; — ham. sur le chemin de Milah à El-Milia, au N. et à 6 kilom. de Milah.

Bougie. — Dépt. de C. ; — ch.-l. de comm.; ville et port maritime à l'E. et à 189 kilom. d'Alger (par mer) ; — à 567 kilom. N. O. de Constantine et à 120 kilom. de Sétif ; — sous-préfecture ; — tribunal de 1re instance ; — just. d. paix ; — notaire ; — défenseurs ; — huissiers ; — brig. d. gendarm. ; — églises ; — écoles ; — salles d'asile ; — hôpital ; — trésor.-pay. — recev. d. Dom. ; — recev. d. Contrib. ; — recev. d. P. ; — télég. : — société de S. M. ; — popul. : 1,145 Franç.; — 410 Israél. natur. — 717 Etrang. europ. ; — 1,913 Indig. musulm. ; — total : 4,185 hab.

Bouguirat. — Dépt. d'O. ; — ch.-l. d. comm.; — villg. au S. E. et à 27 kilom. de Mostaganem, sur la route qui relie cette ville à Relizane ; — brig. de gendarm.; — église ; — école comm. mixte ; — 297 hab.

Bougzoul. — Dépt. d'A.; — caravans. sur la route d'Alger à Laghouat, au S. E. et à 24 kilom de Boghari, et à 97 kilom de Médéah.

Bo -Hadjar. — Dépt. d'O.; — *douar* (comm. mixte d'Aïn-Temouchent) ; — Europ.: 8 ; — indig. 3,429.

Bou.Hadjar. — Dépt. de C.; — *tribu* (comm. indig. de La Calle) ; — Europ.: 10.

Bou-Haroun. — Dépt. d'A.; — villg. et fermes, à 3 kilom. de la route d'Alger à Constantine, entre Oum-El-Alleg et l'embranchement de la route de Dra-el-Mizan ; — école comm. mixte.

Bou-Henni. — Dépt. d'O.; — villg. à l'E. et à 10 kilom. de St-Denis-du-Sig, sur le chemin de fer d'Oran à Alger, à 800 mètres de l'arrêt de l'Habra, à 14 kilom. de Perrégaux ; — 293 hab.

Bouhira. — Dépt. d'O.; — ch.-l. de comm.; — villg. au N. O. et à 14 kilom. de Sétif ; — temple protestant — école comm. mixte ; — 514 hab.

Bouïnan. — Dépt. d'A. ; — villg. à l'E. et à 8 kilom. de Souma, sur le chemin de Blidah au Fondouck ; — église ; — écoles ; — 924 hab.

Bou-Khalfa. — Dépt. d'A. ; — villg. au N. et à 6 kilom. de Tizi-Ouzou, à droite de la route de cette ville à Dellys ; a été peuplé par les soins de la Société d'Haussonville ; — 810 hab.

Bou-Khanefis. — Dépt. d'O. ; — ch.-l. de comm. mixte ; — villg. au S. O. et à 16 kilom. de Sidi-bel-Abbès, route de Magenta ; — chap. ; — école mixte ; — pénitencier militaire indig. ; — 608 hab.

Bou-Ksaïba. — Dépt. de C.; — groupes de fermes, à 21 kilom. de Constantine, au N. du chemin de cette ville à Milah.

Bou-Medfa. — Dépt. d'A.; — ch.-l. de comm ; — villg. à 105 kilom. S. O d'Alger et à 14 kilom. E. de Vesoul-Benian ; — station du chemin de fer d'Alger à Oran ; — brig. de gendarm. ; — église ; écoles ; salle d'asile ; — bur. de p. ; — 584 hab.

Bou-Noual. — Dépt. d'O. , — caravans. sur la route de Mascara à Frendah, à 50 kilom. N. O. de cette dernière ville, et à 53 kilom. S. E. de Mascara.

Bou-Nouara. — Dépt. de C. ; — villg. à l'E. et à 11 kil. du Kroub, route de Guelma.

Bourkika. — Dépt. dA.; — ch.-l. de comm. ; — villg. au N. et à 14 kilom. d'El-Affroun, sur la route de Cherchell ; — chap. ; — écoles ; — 895 hab.

Bou-Roumi. — Dépt. d'A. ; — villg à l'O. et à 18 kilom. de Blidah, à proximité du ch. de fer d'Alger à Oran, entre Mouzaïaville et El-Affroun.

Bouçaâda. — Dépt d'A. ; — subdivision d'Aumale ; — ch.-l. de comm. mixte ; — ville et poste militaire à 258 kilom. S. E. d'Alger, et à 135 kilom. S. d'Aumale ; — justice de paix ; huissier ; — écoles ; — recev. des Contributions ; recev. des P. ; — télégr. ; — 5,081 hab.

Bou-Sfer. — Dépt. d'O. ; — ch.-l. de comm. ; — villg. à 20 kilom. O. d'Oran et à 6 kilom. S. O. d'Aïn-el-Turck ; — église ; écoles ; — 927 hab.

Bou-Taleb. — Dépt. de C. ; — *tribu* ; (comm. indig. de Sétif) ; — europ. 53.

Bou-Tlélis. — Dép^t. d'O. ; — ch.-l. de comm. ; — villg. au S. O. et à 30 kilom. d'Oran, et à 15 kilom. à l'E. de Misserghine , — justice de paix ; — église , écoles ; salle d'asile ; — 1,144 hab.

Bouzaréah. — Dép^t. d'A. ; — ch.-l. de comm. ; — villg. au N. O. et à 7 kilom. d'Alger, sur le mont Bouzaréah ; — brig. de gendarm. ; — chapelle ; — école mixte ; — asile de vieillards ; — 1,348 hab.

Bréa. — Dép^t. d'O. ; — villg. au N. et à 4 kilom. de Tlemcen. ; — église ; école ; — 233 hab.

Brédéa. — Dép^t. d'O. ; — groupe de fermes près de Bou-Tlélis.

Bugeaud. — Dép^t. de C. ; — ch.-l. de comm. ; — villg. au N. O. et à 13 kilom. de Bône, sur l'Edough ; chapelle ; école mixte ; — 619 hab.

C

Cacherou. — Dép^t. d'O.; — groupe de fermes au S. E. et à 21 kilom. de Mascara, sur la r. de Frendah ; — 78 hab.

Camerata. — Dép^t. d'O. ; — mine de fer au N. O. et à 13 kilom. d'Aïn-Temouchent.

Camp du Maréchal. — Dép^t. d'A. ; — villg. à l'E. et à 7 kilom. d'Haussonviller, route de Tizi-Ouzou ; — en voie de peuplement.

Cap Djinet. — Dép^t. d'A. ; — groupes de fermes au
S. O. et à 15 kilom. de Dellys ; — 9 hab.

Cassaigne. — Dép^t. d'O. ; — ch.-l. de comm. mixte ;
— villg. sur la r. du Pont-du-Chéliff à Renault, au N. E.
et à 24 kilom. du Pont-du-Chéliff ; — just. d. paix ; —
brig. de gendarm.; — chapelle; école ; — 326 hab.

Castiglione. — Dép^t. d'A. ; — ch.-l. de comm. ; —
villg. au S. O. et à 43 kilom. d'Alger ; — sur la route
d'Alger à Tipaza ; — église ; écoles ; — 546 hab.

Chabet-el-Ameur. — Dép^t. d'A. ; — villg. au N. O.
et à 14 kilom. de Dra-el-Mizan, sur le chemin des Issers,
et à 18 kilom. S. de Bordj-Menaïel.

Chabet-el-Leham. — Dép^t. d'O. ; — villg. au N. et
à 8 kilom. d'Aïn-Temouchent, sur la route d'Oran ; —
école ; — 190 hab.

Chabet-Saïd. — Dép^t. de C. ; — groupes de fermes
sur la route de Constantine à Sétif, à 15 kilom. de Constantine, près du village d'Aïn-Smara.

Chaïba. — Dép^t. d'A.; — villg. à l'O. et à 6 kilom. de
Koléah, route de Tefeschoun.

Charon. — Dép^t. d'A. ; — ch.-l. de comm mixte ; —
villg. sur le chemin de fer d'Alger à Oran, à l'O. et à 22
kilom. d'Orléansville ; — chapelle ; — écoles ; — bur. de p.

Chateaudun. — Dép^t. de C.; ch.-l. de comm. mixte ;
villg. sur la route de Constantine à Alger, au S. O. et à

55 kilom. de Constantine ; — chap.; école mixte ; — bur. de p. ; — villg. 328 europ.; — banl. 1,869 indigènes.

Charrier. — Dépt. d'O. ; — ham. au S. et à 49 kilom. de Mascara, sur la route de cette ville à Saïda.; — 37 hab.

Chatterbach. — Dépt. d'A. , — ham. sur la r. g. de l'Oued-Djer, à 600 mètres environ de la route de Cherchell, près d'El-Affroun, et à 22 kilom. de Blidah.

Chebli. — Dépt. d'A. ; ch.-l. de comm. ; — villg. au S. et à 32 kilom. d'Alger, sur la route de Bouffarik à Sidi Moussa ; — église ; école mixte ; — 1.957 hab.

Cheddia. — Dépt. de C. ; — ham. dépendant du village de Duquesne ; à 12 kilom. de Djidjelli ; — 346 hab.

Chenia. — Dépt. de C. ; villg. au S. E. et à 22 kilom. de Bordj-bou-Arréridj.

Chenouan. — Dépt. d'A. ; — ham. près de Zurich.

Chembel. — Dépt. d'A. ; — villg. au N. E. de Pontéba, sur la route du Chéliff.

Chéraïa. — Dépt. de C. ; — villg. à l'O. et à 8 kilom. de Collo, sur le chemin de Bou-Nogha.

Cherragas. — Dépt. d'A. ; — ch.-l. de comm. ; — villg. à 13 kilom. O. d'Alger sur la route de cette ville à Koléah ; — église ; école ; salle d'asile ; — brig. de gendarm. ; — bur. de p. ; — télég. ; — 1.268 hab.

Cherchell. — Dépt. d'A. ; — ch.-l. de comm. ; — Ville maritime ; à l'O. et à 102 kilom. d'Alger et à 65 kilom. N. O. de Blidah ; — justice de paix ; notaire ; huissier ; brig. de gendarm. ; église ; temple protestant ; écoles ; salle d'asile ; — société d. S. M. ; — cercle — musée ; — recev. des Dom. ; recev. des Contrib. ; recev. des P. ; télég. ; — Douanes ; — caserne ; magasins de subsistances ; ateliers de condamnés militaires ; — hôpital ; — 3.464 habitants.

Chettaba. — Dépt. de C. ; — groupe de fermes, au N. de la route de Constantine à Alger, et à 16 kilom. de Constantine; — 72 hab..

Christel. — Dépt. d'O. ; — villg. maritime à 7 kilom. N. E. de St. Cloud, à l'E. et à 21 kilom. d'Oran.

Clauzel. — Dépt. de C. ; — ch.-l. de comm. ; — villg. au S. O. et à 20 kilom. de Guelma, sur la route de Constantine à Bône par Guelma ; — église ; école mixte ; — villg. 131 Europ. ; — banl. 1,089 Indig.

Col-des-Oliviers. — Dépt. de C. ; — stat. sur le ch. de f. de Philippeville à Constantine, à 46 kilom. de Philippeville.

Collo. — Dépt. de C. ; — ch.-l. de comm. mixte ; — ville et port maritime, au N. O. et à 60 kilom. de Philippeville, — justice de paix ; huissier ; — église ; écoles ; salle d'asile ; — recev. des Contrb. ; — recev. des P. ; — télég. ; — poste de douaniers ; — 895 hab.
Le village kabyle est situé tont à côté de la ville française.

Colmar. — Dépt. de C. ; — villg. à 27 kilom. S. O. de Bougie, sur le chemin de cette ville à Sétif, par Aïn-Rouah ; — écoles ; école arabe-française ; — 963 hab.

Condé-Smendou. — Dépt. de C. ; — ch.-l. de comm. ; — villg. au N. O. et à 28 kilom. de Constantine à Philippeville ; — brig. de gendarm. ; — église ; — école ; — salle d'asile ; — bur. de p. ; — télég. ; — stat. du ch. de f. de Philippeville à Constantine ; — 418 hab.

Constantine. — Dépt. de C. ; — ville et place forte de 1re classe, à 435 kilom. S. E. d'Alger (route nationale), et à 86 kilom. de Philippevile (voie ferrée) ; ch.-l. de départ. , ch.-l. de comm. ,
Chef-lieu de division militaire, de subdiv. et de cercle ; — Intendance divisionnaire ; Direction d'artillerie et du Génie , Conseil de guerre ; — Académie militaire ; Siége épiscopal suffragant d'Alger ; — église cathédrale ; églises ; couvent ; temple protestant ; mosquées ; synagogue ; Collége communal ; école de droit musulman ; écoles communales ; salles d'asile ; institutions privées ; tribunal de 1e instance ; just. d. paix ; tribunal et chamb. de commerce ; — notaires ; défenseurs ; huissiers ; — brig. de gendarm. ; — trésorerie ; succursale de la banque de l'Algérie ; — direction des domaines et de l'enregistrement ; — recev. des contrib. ; — recev. des P. ; — Douanes ; — Société d'agriculture ; — Comice agricole ; — Bur. d. bienf. ; — Société de S. M. ; — télég. ; hôpital militaire ; — casernes d'infanterie et d'artillerie ; — caserne de cavalerie et du train des équipages ; manutention et magasins militaires ; hôpital civil ; —

prison civile ; prison militaire ; cercles ; — théâtre ; jardin public ; — gare et stat. du ch. de fer.

Population (ville et banlieue) : 8,742 franç. ; — 4,925 israél. natur. ; — 3,581 étrang. europ. ; — 17,478 indig. musulm. ; — Total : 34,726 hab.

Corso-El-Tahatani. — Dép^t. d'A. ; — villg. à 5 kilom. N. E. de l'Alma, et à 41 kilom. d'Alger ; école mixte.

Coulmiers, — Dép^t. de C. ; — villg. au S. O. et à 59 kilom. de Constantine, sur la route de cette ville à Sétif.

Crescia. — Dép^t. d'A. ; — ch.-l. de comm. , villg. au N. E. et à 4 kilom. de Douéra, route d'Alger ; — église ; école mixte ; — 519 hab.

D

Dalmatie. — Dép^t. d'A. ; — villg. au N. E. et à 4 kilom. de Blidah ; chap. ; écoles communales. ; — orphelinat libre de filles ; — 700 hab.

Damesme. — Dép^t. d'O. ; — ham. au S. E. et à 4 kilom. d'Arzew ; — école mixte ; — 667 hab.

Damiette. — Dép^t. d'A. ; — villg. à l'E. et à 5 kilom. de Médéah, route de Berrouaghia ; — église ; école ; salle d'asile ; — 391 hab.

Damrémont. — Dép^t. de C. ; — villg. au S. et à 5 kilom. de Philippeville, sur le ch. de f. de Philippeville à Constantine ; — chap. ; école mixte , — stat. du ch. de f. ; — 358 hab.

Dar-Beïda. — Dép^t. d'A. ; — groupe de fermes sur la route d'Alger à Dellys, au S. E. de Rébeval ; — en voie de peuplement.

Dar-El-Fouinl. — Dép^t. de C. ; — groupe de fermes dans le district de Milah, à 18 kilom. de cette ville, sur la rive droite de l'oued-Smendou ; — 48 hab.

Darsoun. — Dép^t. de C. ; — groupe de fermes, au confluent de l'Oued Rhummel et de l'Oued Smendou, au N. et à 21 kilom. de Constantine.

Daya. — Dép^t. d'O. ; — ch.-l. de comm. mixte ; — poste militaire, au S. et à 71 kilom. de Sidi-Bel-Abbès ; — ch.-l. de cercle ; — église ; écoles ; — casernes ; — recev. des P. ; télég. ; — 77 hab.

Debrousseville. — Dép^t. d'O. ; — ham. sur le chemin de fer d'Arzew à Saïda au S. E. et à 16 kilom. de La Macta ; — station.

Decher-el-Arbi. — Dép^t. de C. ; — groupe de fermes, au confluent de l'Oued Rhummel et de l'Oued Smendou, au N. de Constantine.

Decheret-Abbès. — Dép^t. de C. ; — groupe de fermes au N. O. et à 18 kilom. de Constantine, aux environs d'Aïn Kerma.

Delacroix. — Dép^t. de C. ; — ham. sur la route de

Constantine à Milah, au S. E. et à 7 kilom. de cette dernière ville. ; — école mixte.

Dellys. — Dépt. d'A. ; — ch.-l. de subdiv. milit. ; — ch.-l. de comm. ; — ville maritime, à l'E. et à 107 kilom. d'Alger *(voie de terre)* ; — mi-partie française, mi-partie arabe ; — just. d. paix ; notaire ; huissier ; brig. de gendarm. ; — église ; mosquée ; écoles ; salle d'asile ; — caserne ; hôpital et magasins ; — recev. des Dom. ; recev. des Contrib. ; recev. des P. ; télég. — Direction de port ; Douanes ; — 2,248 hab.

Dély-Ibrahim. — Dépt. d'A. ; — ch.-l. de comm. ; — villg. au S. O. et à 11 kilom. d'Alger, route de Douéra ; — église ; école mixte ; — 418 hab.

Djelfa. — Dépt. d'A. ; — ch.-l. de comm. mixte (subdiv. de Médéah) ; — ch.-l. de cercle ; — villg. au S. et à 334 kilom. d'Alger ; — sur la route de Laghouat ; — just. d. paix ; brig. de gendarm. ; — église ; écoles ; — recev. des Contrib. ; recev. des P. ; — télég. ; — caserne. — marché important ; — 737 hab.

Djemaâ-Saharidj. — Dépt. d'A. ; — villg. kabyle habité par les Beni-Fraoussen, au N. E. et à 10 kilom. de Fort-National, dans une vallée affluente à celle du Sébaou ; — école dirigée par les missionnaires d'Afrique ; — sources nombreuses et ruines romaines.

Djendel. — Dépt. de C. ; — villg. au N. E. et à 8 kil. de Jemmapes, chemin de Bône à El-Arrouch ; villg. 139 Europ. ; — banl. 1,965 Indig.

Djidjelly. — Dép. de C. ; — ch.-l. de comm. ; — ch.-l. de cercle ; — ville et port maritime, à 163 kilom. N. O. de Constantine ; — justice de paix ; huissier ; — brig. de gendarm. ; — église ; mosquée ; école ; salle d'asile ; — recev. des Dom. ; recev. des Contrib. ; recev. des P. ; — télégr. ; — caserne et hôpital militaire ; — Douanes ; — 3,099 hab.

Donaouda. — Dépt. d'A. ; — villg. au N. E. et à 5 kilom. de Koléah ; — église ; école ; — 350 hab.

Douéra. — Dépt. d'A. ; — ch.-l. de comm. ; — villg. au S. O. et à 23 kilom. d'Alger, sur la route de Blida ; — notaire ; — brig. de gendarm. ; — pénitencier militaire ; — église ; temple protestant ; écoles ; — recev. des Contrib. ; recev. des P. ; — télégr. ; société d. S. M. ; — hôpital civil ; — asile de vieillards ; — 1,147 hab.

Dra-ben-Kedda. — Dépt. d'A. ; — groupes de fermes, sur la route d'Alger à Tizi-Ouzou à l'O. et à 10 kilom. de cette dernière ville, et à 41 kilom. de Dellys.

Dra-el-Arba. — Dépt. de C. ; — caravans. sur la route de Bougie à Sétif, à 60 kilom de Bougie.

Dra-el-Mizan. — Dépt. d'A. ; — ch.-l. de comm. ; — ville et poste militaire, au S. E. et à 113 kilom. d'Alger par Palestro, à 46 kilom. S. O de Tizi-Ouzou, et à 75 kilom S. O. de Fort-National par Tizi-Ouzou ; — justice de paix ; huissier ; — brig. de gendarm. ; église ; écoles ; — recev. des Contrib. ; recev. des P. ; télégr. ; — Société de S. M. ; — hôpital militaire ; — casernes ; — marché très-important; —1,749 hab.

Drarïah. — Dépt. d'A.—ch.-l. de comm.;—villg. au S. O. et à 16 kilom. d'Alger et à 2 kilom. S. d'El-Achour (chemin vicinal) ; — église ; école ; —1,010 hab.

Dréan. — Dépt, de C. ; — ham. à 24 kilom. S. de Bône, sur l'ancienne route de Bône à Guelma.

Duperré. — Dépt. d'A. ; — ch.-l. de comm. ; — villg. sur la route nationale d'Alger à Oran, à proximité du chemin de fer, au S. O. et à 146 kilom. d'Alger (voie ferrée) ; — justice de paix; huissier; brig. de gendarm. ; — église; école mixte ; — bur. de p. ; — télégr.;— stat. du chemin de fer ; — 523 hab.

Duquesne. — Dépt. de C. ; — ch.-l. de comm. mixte ; — villg. au S. E. et à 9 kilom. de Djidjelly ; — 690 hab.

Duvivier. — Dépt. de C.; — ch.-l. de comm.; — villg. au S. et à 59 kilom. de Bône, sur le chem. d. fer de Bône à Guelma ; au N. O. et à 34 kilom. de Souk-Ahras ; — brig. de gendarm.; — église ; — école mixte ; — stat. d. ch. d. fer; — bur. de p.; — télégr. ; —779 hab.

Duzerville. — Dépt. de C. ; — ch.-l. de comm. ; — villg. au S. et à 11 kilom. de Bône, sur le chem. d. fer de Bône à Guelma ; — église ; écoles ; salle d'asile ; — bur. de p. ; — stat. du chem. d. fer ; — 3,169 hab.

E

Eckmühl. — Dép^t. d'O. ; — un des faubourgs d'Oran.

Egulsheim. — Dép^t. de C. ; — villg. au N. O. et à 9 kil. de Oued-Athménia, et à 49 kil. de Constantine.

El-Achour. — Dép^t. d'A. ; — ch.-l. de comm. ; — villg. au S. et à 3 kilom. de Dély-Ibrahim, au S. O. et à 12 kilom. d'Alger ; — église ; — école mixte ; — salle d'asile ; — 272 hab.

El-Adjeraf. — Dép^t. d'A. ; — fermes au N. d'Orléans-ville, sur le territ. de la comm. mixte de Malakoff.

El-Affroun. — Dép^t. d'A. ; — ch.-l. de comm. — villg; au S. O. et à 69 kilom. d'Alger *(voie ferrée)*, près du ch. de f. ; — église; écoles; salle d'asile ; — bur. d. p. ; télég. ; — stat. du ch. d. f. ; — 1,078 hab.

El-Amri. — Dép^t. de C. ; — oasis au S. O. et à 46 kilom. environ de Biskra; (tribu des Ouled-Bou-Azid) ; 600 maisons ; 13,000 palmiers ; — assiégée à la suite d'une insurrecton et réduite après deux brillants combats (27 et 28 avril 1876).

El-Anasser. Dép^t. de C. ; — villg. au N. O. et à 8 kilom. de Sétif, entre Aïn-Arnat et Fermatou.

El-Anasseur. — Dép^t. de C. ; — villg. et fermes, au S. E. et à 12 kilom. de Bordj-bou-Arréridj, sur la route de cette ville à Bel-Imour ; — 419 hab.

El-Ansor. — Dép^t. d'O. ; — villg. au S. O. et à 6 kilom. de Bou-Sfer, sur le ch. de Bou-Tlélis, au S. E. et prés du villg. des Andalouses ; — église ; école.

El-Aouana. — Dép^t. de C. ; — tribu (comm. indig. de Djidjelli) ; — Europ. 25.

El-Aria. — Dép^t. de C. ; — ham. à l'E. et à 32 kilom. de Constantine par Lamblèche ; — 52 hab.

El-Aricha. — Dép^t. d'O. ; — Point stratégique, au S. et à 50 kilom. de Sebdou, à l'extrême limite méridionale du Tell Oranais ; — bureau arabe ; — télég. — 14 Europ.

El-Arrouch. — Dép^t. de C. ; — ch.-l. de comm. ; — villg. au S. et à 32 kilom. de Philippeville, sur le ch. de f. de Philippeville à Constantine ; — just. d. paix ; huissier ; brig. de gendarm. ; — église ; écoles et salle d'asile ; — recev. des Dom. ; — recev. des Contrib. , — bur. de p. ; — télég. ; — hôpital civil ; stat. du ch. de f. ; — villg. 488 Europ. ; — banl. 1,819 Indig.

El-Biar. — Dép^t. d'A. ; — ch.-l. de comm. — villg. au S. O. et à 5 kilom. d'Alger, sur le Sahel, route de Douéra ; — brig. de gendarm. ; — église ; écoles ; pensionnat de demoiselles ; — maison de refuge pour les filles repenties ; — 1,770 hab.

El-Bordj. — Dép^t. d'O., — caravans. au N. E. et à 21 kilom. de Mascara, sur la route de cette ville à Relizane.

El-Braïka. — Dép^t. d'O. ; — ham. annexe de Sidi-bel-Abbès, à 8 kilom. de cette ville.

El-Dis. — Dépt. de C.; — groupe de maisons, à 12 kilom. S. O. de Philippeville sur la route de Constantine.

El-Esnam. — Dépt. d'A.; — caravans. sur la route d'Alger à Constantine, entre Beni-Mansour et Bordj-Bouïra, et à 140 kilom. d'Alger.

El-Ghedir. — Dépt. de C.; — ham. sur la route de Bône à Souk-Ahras.

El-Ghedir. — Dépt. de C.; — douar (comm. mixte de El-Arrouch) ; — Europ. 4 ; — Indig. 1,267 hab.

El-Gourin. — Dépt. d'A.; — villg. dans la tribu des Menasser-Cheragas, entre Cherchell et Milianah, sur les versants N. et E. du pic d'El-Gourin.

El-Guerrah. — Dépt. de C.; — ham.; — point de bifurcation des chem. de fer de Constantine à Sétif et de Constantine à Batna.

El-Guitoun. — Dépt. de C.; — groupe de fermes au nord du chemin de Constantine à Milah, à 23 kil. de Constantine; — caïdat des Azels.

El-Hadjar. — Dépt. de C.; — ham. annexe de la commune de Duzerville ; — arrond. de Bône; — 240 hab.

El-Hasel. — Dépt. de C.; — ham. à l'E. et à 5 kil. de Sétif; — créé par la Compagnie Génevoise.

El-Kantara. — Dépt. de C.; — caravans. sur la route de Biskra à Batna, au S. O. et à 65 kil. de cette dernière ville; — 16 Europ.

El-Kantara. — Dépt. de C, ; — oasis sur la route de Batna à Biskra et presque à égale distance de ces deux villes ; — elle est formée de trois villages ; — population, 2,000 hab. — 16,000 palmiers.

El-Kantour. — Dépt. de C. ; — ch.-l. de comm. ; — villg, au S. et à 48 kil. de Philippeville, sur la route de cette ville à Constantine ; — église ; école mixte ; — villg. 221 Europ. ; — banl. 1750 Indig.

El-Keçar. — Dépt. d'O. ; villg. à l'O. et à 24 kil. de Sidi-bel-Abbès, sur la route de cette ville à Mascara.

El-Kercha. — Dépt. — de C. ; — groupe de fermes au S. et à 48 kil. de Constantine.

El-Kçour. — Dépt. de C. ; — douar (comm. indig. de Batna) ; — Europ. 30.

El-Krachem. — Dépt. d'A. ; — caravans. sur la route d'Alger à Laghouat, au S. E. et à 40 kil. de Boghari.

El-Madher. — Dépt. de C. ; — ham. au N. E. et à 26 kil. de Batna ; — 177 hab.

El-Mala-M'Zaroua. — Dépt. de C. ; — ham. sur le chem. de Constantine à Belfort, à 20 kil. E. de Constantine.

El-May. — Dépt. d'O, ; — caravans. sur la route de Saïda à Géryville et à 58 kil. de Saïda.

El-Mechera-Er-Rthed. — Dépt. d'O. ; — caravans. au N. E. et à 58 kil. de Tlemcen sur les bords de l'Isser.

El-Messerah. — Dépt. d'A. ; — caravans. sur la route d'Alger à Laghouat, au N. O. et à 38 kil. de Djelfa.

El-Milliah. — Dépt. de C. ; — ch.-l. de com. indig. ; — poste militaire ; — au N. et à 50 kil. de Milah ; — bur. de p. ; — télégr. ;— 15 Europ.

El-Ouricia. — Dépt. de C. ; — ch.-l. de comm. ; — villg. au N. et à 12 kil. de Sétif, sur la route de Bougie ; — église ; école mixte ; salle d'asile ; — bur. de p. ; — 1080 hab.; — créé par la Compagnie Génevoise.

El-Outaia. — Dépt. de C. ; — oasis au N. O. et à 26 kil. de Biskra ; — tout après, caravans., — Europ. 7.

El-Romeri. — Dépt d'O.; — villg. à 4 kil. de la gare de l'oued-melab, sur le chemin de Bouguirat et de Mostaganem ; — 340 hab.

Enchir-Saïd. — Dépt. de C.; — ch.-l. de comm.; — villg. au N. O. et à 23 kil. de Guelma ; — église ; école mixte ; — bur. de p.; — 341 hab.

Er-Rahel. — Dépt. d'O.; — villg. au S. et à 10 kil. de Lourmel, route de Tlemcen ; — chap.; école mixte ; — bur. de p.; — 229 hab.

Eulmas-Maasla. — Dépt. de C.; — groupe de fermes, au N. et à 10 kil. de Smendou.

F

Faucigny. — Dépt. de C.; — villg. à 18 kil. N. O. de Sétif et à 5 kil. d'Aïn-Abessa ; — 99 hab.

Fedjana. — Dépt. d'A.; — groupe de fermes, sur la route de Marengo à Cherchell, à 3 kil. E. de Zurich et à 15 kil. de Marengo.

Ferdj-el-Arba. — Dépt. de C.; — caravans. sur la route de Djidjelli à Constantine, à 58 kil. de Djidjelli et 69 kil. de Constantine.

Fermatou. — Dépt. de C.; — villg. au N. et à 4 kil. de Sétif, route de Bougie ; — école mixte.

Ferouka. — Dépt. d'A.; — ham. au S. et à 8 kil. de Boufarick.

Ferraga. — Dépt. d'O.; — douar (comm. mixte de St-Denis-du-Sig) ; — europ. 35 ; — indig. 1,276.

Fesdhis. — Dépt. de C.; — ham. au N. E. et à 13 kil. de Batna, route de Constantine ; — bur. de p.; — 196 hab.

Fleurus. — Dépt. d'O.; — ch.-l. de comm.; — villg. à l'E. et à 22 kil. d'Oran, à droite de la route d'Oran à Arzew; — église; écoles; salle d'asile; — 548 hab.

Fondouck. — Dépt. d'A.; — ch.-l. de comm.; — villg. au S. E. et à 32 kil. d'Alger, à l'extrémité orientale de la Mitidja, sur la r. g. du hamiz; — brig. de gendar.;

— église ; écoles ; salle d'asile ; télégr. ; — bur. de p. ; — villg. et banl.: 2,339 hab.

Fort-de-l'Eau. — Dépt. d'A. ; — villg. à l'E. et à 19 kil. d'Alger sur le bord de la mer ; — église ; école ; — poste de douaniers.

Fort-Génois. — Dépt. de C. ; — râde foraine à l'O. et à 4 kil. de Bône, qui offre à la navigation côtière une très-bonne relâche ; — de puissantes batteries la protègent contre toute attaque du dehors ; — La montagne qui domine le Fort, aujourd'hui abandonné, recèle de belles carrières de marbre.

Fort-National. — Dépt. d'A. ; — ch.-l. de comm. ; — ch.-l. de cercle ; — place de guerre construite par l'armée à l'E. et à 132 kil. d'Alger ; — justice de paix ; — huissier ; — brig. de gendarm. ; — église ; écoles ; salle d'asile ; — recev. des Contrib. ; recev. des P. ; — télégr. ; — maison de commandement ; pavillon d'officiers ; — cercle ; — casernes ; magasins ; hôpital militaire ; — 262 hab. — Fort-National a été créé, en 1857, au centre des Beni-Iraten, sur un plateau à 916 mètres au-dessus du niveau de la mer.

Fouka. — Dépt. d'A. ; — villg. au N. et à 4 kil. de Koléah, en face de la mer ; — chap. ; école mixte ; — 378 hab.

Franchetti. — Dépt. d'O. ; — villg. sur la route de Mascara à Saïda, au N. et à 27 kil. de Saïda ; — école mixte ; — 193 hab.

Frendah. — Dépt. d'O. ; — ch.-l. de comm. mixte ; — poste militaire ; — ancienne ville arabe, au S. O. et à 48 kil. de Tiaret ; — école arabe-française ; — 194 hab.

Froha. — Dépt. d'O. ; — villg. sur la route de Mascara à Saïda, au S. et à 10 kil. de Mascara ; — 101 hab.

Frondah. — Dépt. d'O. ; — ham. au N. O. et à 6 kil. de Sidi-bel-Abbès, à proximité du ch. de fer.

G

Gada. — Dépt. d'O. ; — douar (comm. mixte de Ste-Barbe-du-Tlélat) ; — europ. 13 ; — indig. 2,226.

Gar-Rouban. — Dépt. d'O. ; — villg. au S. et à 52 kil. de Nemours ; — église ; école mixte ; — bur. de p. ; — mines de plomb et de cuivre en exploitation.

Gastonville. — Dépt. de C. ; — ch.-l. de comm. ; — villg. à 25 kil. S. de Philippeville et à 59 kil. au N. de Constantine, sur la route qui relie ces deux villes ; — église ; écoles ; salle d'asile ; — 640 hab.

Gastu. — Dépt. de C. ; — ch.-l. de comm. ; — villg. au S. E. et à 53 kilom. de Philippeville, sur la route de Jemmapes à Guelma et à 36 kilom. de cette dernière ville ; — brig. de gendarm. ; — église ; école mixte ; — salle d'asile ; — bur. de p. ; — 495 hab.

Géryville. — Dépt. d'O. ; — villg. et poste militaire, au

S. E. et à 354 kilom. d'Oran, au S. et à 206 kilom. de Tiaret par Aïn-Souane ; — ch.-l. de cercle ; — église ; école arabe-française ; — trésor. pay. ; — bur. de p. ; — télégr. ; — marché arabe chaque lundi ; — 147 hab,

Gourayas. — Dépt. d'A. ; — ch.-l. de comm. mixte ; — villg. à l'O. et à 35 kil de Cherchell ; — bur. de p. ; — mines de fer exploitées ; — 317 hab.

Gné-de-Constantine. — Dépt. d'A. ; — groupe de fermes et stat. du ch. de fer d'Alger à Oran, à 15 kil. d'Alger, sur l'oued-el-harrach.

Guelaat-bou-Sba. — Dépt. de C. ; — ch.-l. de comm. ; — villg. au N. et à 11 kilom. de Guelma, route de Bône ; — église ; école mixte ; — 626 hab.

Guellal. — Dépt. de C. ; — *douar* (comm. mixte de Sétif) ; — Europ. 45 ; — Indig. 869.

Guellal. — Dépt. de C. ; — groupe de fermes au S. et à 13 kilom., environ, de Sétif.

Guelma. — Dépt. de C. ; — ch.-l. d'arrond. ; — ch.-l. de comm. ; Sous-préfecture ; — ville au N. E. et à 117 kilom. de Constantine, par Oued-Zenati ; au S. O. et à 64 kilom. de Bône (voie ferrée) ; — justice de paix ; no. taire ; huissier ; — brig. de gendarm. ; — église ; oratoire protestant ; — écoles ; salle d'asile ; — recev. des Dom. ; — recev. des Contrib. ; — recev. des P. ; — télégr. ; — casernes d'infanterie et de cavalerie ; — hôpital militaire ; — gare et station du ch. de fer ; — Bur. d. bienf. ;

— Comice agricole; — deux marchés très-fréquentés, l'un quotidien, affecté à la vente des bestiaux et de tous les produits indigènes; — population (ville et banlieue): 1,100 franç.; — 344 isr. natur.; — 1,510 étrang. europ.; — 1,180 indig. musulm. — Total : 5,134 hab.

Guelt-es-Stel. — Dépt. d'A.; — caravans. sur la route d'Alger à Laghouat, au N. O. et à 72 kilom. de Djelfa; — gîte d'étape.

Guelt-Zerga. — Dépt. d'A.; — ham. à l'E. et à 6 kil. des Trembles, et à d. de la route d'Alger à Aumale, au N. et à 9 kilom. de cette dernière ville.

Guelthna. — Dépt. d'O.; — douar (comm. mixte de Mascara); — Europ. 239; — Indig. 2,901.

Guerdjoum. — Dépt. d'O.; — douar (comm. mixte de Oued-Taria); — Europ. 6; — Indig. 1,417 hab.

Guertoufa. — Dépt. d'O.; — villg. sur la route de Relizane à Tiaret, au S. E. et à 93 kilom. de Relizane, et à 5 kilom. au N. O. de Tiaret; — école mixte; — 90 hab.

Guettar-el-Aïch. — Dépt. de C.; — villg. à 26 kil. S. de Constantine, sur le ch. d'El-Guerrah; — 290 hab.

Guidjel. — Dépt. de C.; — douar (comm. mixte de Sétif); — Europ. 54; — Indig. 2029.

Guifcer. — Dépt. de C.; — tribu (comm. indig. de Bougie); — Europ. 27.

Guyotville. — Dépt. d'A.; ch.-l. de comm.; — villg.

au N. O. et à 15 kilom. d'Alger, route d'Alger à Tipaza,
sur le bord de la mer, à l'O. et à 5 kil. du cap Caxine ; —
église ; écoles ; — bur. de p. ; — 595 hab.

H

Hamadena. — Dépt. d'O. ; — villg. sur la route nationale d'Alger à Oran, à 6 kilom. S. O. de St-Aimé, à 147
kilom. d'Oran et à proximité du ch. de fer ; — 46 hab.

Hamédi. — Dépt. d'A. ; — ham. sur la route d'Alger au
Fondouck, à 15 kilom. S. E. de la Maison-Carrée, au
N. O. et à 5 kilom. du Fondouck ; — 96 hab.

Hammam-bou-Hadjar. — Dépt. d'O. ; — villg. à
l'E. et à 20 kilom. d'Aïn-Temouchent, entre cette ville
et Aïn-el-Arba ; — sources thermales, dont la température est de 50°; — école mixte ; — 311 hab.

Hammam-Grouz. — Dépt. de C. ; — source d'eau
thermale, à 1 kilom. d'Oued-Athménia.

Hammam-Mélouan. — Dépt. d'A. ; — Etablissement
d'eaux thermales, à 34 kilom. d'Alger, à l'O. et à 7 kil.
de Rovigo. — Ces eaux sont d'un heureux emploi contre
les maladies cutanées et les rhumatismes.

Hammam-Meskoutine. — Dépt. de C. ; — Etablissement d'eaux thermales, à l'O. et à 20 kilom. de Guelma. — Les eaux ont une température de 95° et sont sou-
veraines contre les rhumatismes. — hôpital militaire.

Hammam-Righa. — Dépt. d'A.; — villg. à 12 kilom. O. de Boud-Medfa et à 6 kilom. de l'Oued-Djer, près la route nationale d'Alger à Oran; — eaux thermales employées contre les maladies de la peau, les névralgies, foulures et luxations.

Au centre même du village , magnifique hôtel, avec tout le confortable nécessaire aux voyageurs qui veulent y passer une saison; — bains particuliers; — salle de billards; — cercle; — salon pour les dames; — beaux jardins complantés d'arbres fruitiers de toute nature et d'arbres à feuilles persistantes; — promenades ombreuses autour de l'établissement; — communications faciles avec les localités environnantes, Vesoul-Bénian, Milianah, etc., etc ; — ruines romaines; — site très-pittoresque.

Hassen-ben-Ali. — Dépt. d'A.; — villg. sur la route d'Alger à Laghouat, à l'E. et à 10 kilom. de Médéah.

Haussonviller. — Dépt. d'A.; — villg. à 10 kilom. E. de Bordj-Menaïel, à l'embranchement des routes d'Alger à Dellys et d'Alger à Fort-National par Tizi-Ouzou. — A été peuplé par les soins de la Société d'Haussonville; — église; écoles; salle d'asile; — bur. de p.; — caravans.; — 530 hab.

Haut-Froha. — Dépt. d'O.; — villg. dans la plaine d'Eghriss, à 18 kilom. de Mascara et à 13 kilom. de la route de Saïda; — en voie de peuplement.

Hazebri. — Dépt. de C.; — douar (comm. mixte d'Aïn-Mlila); — Europ. 3; — indig. 1,413 hab.

Héliopolis. — Dép^t. de C.; — ch.-l. de comm.; — villg. au N. E. et à 5 kil. de Guelma, sur la route qui conduit à Bône; — église; écoles; salle d'asile; — 1,137 hab.

Hennaya. — Dép^t. d'O.; — ch.-l. de comm.; — villg. au N. O. et à 11 kilom. de Tlemcen; — brig. de gendarm.; — église; écoles; — bur. de p.; — 942 hab.

Herbillon. — Dép^t. de C.; — ch.-l. de comm.; — villg. maritime et forestier à 70 kilom. N. O. de Bône et à 5 kilom. E., environ, du cap Takouch; — église; école mixte; salle d'asile; — poste de doaniers; — bur. de p.; — massif forestier autour du village; — 278 hab.

Hippône. — Dép^t. de C.; — ham. au S. E. et à 2 kil. de Bône; — fut autrefois le siége d'un évêché qu'administra Saint-Augustin; — 396 hab.

Hydra. — Dép^t. d'A.; — ancienne résidence de la famille du Dey, sur un des mamelons du Sahel, à 6 kilom. d'Alger à proximité de la Colonne Voirol *(Mustapha-Supérieur)* et d'El-Biar; — belle maison mauresque.

Hussein-Dey. — Dép^t. d'A.; — ch.-l. de comm.; — villg. au S. E. et à 7 kilom. d'Alger, sur le chemin de fer d'Alger à Oran; — église; écoles; salle d'asile; — bur. de p.; — gare et station; — vastes magasins pour le service des tabacs; — polygone d'artillerie, sur le bord de la mer; — 2009 hab.

I

Il-Maten. — Dép^t. de C.; — ham. sur la route de Beni-Mansour à Bougie, au S. O. et à 38 kilom. de cette dernière ville(vallée de l'oued-sahel).

Inkermann. — Dép^t. d'O.; — ch.-l. de comm. mixte; — villg. sur la route d'Alger à Oran, près du ch. de fer, à 254 kilom. S. O. d'Alger et à 42 kilom. N. E. de Relizane; — just. d. paix; huissier; — brig. de gendarm.; — église; école mixte;—recev. des P.;—station du ch. de fer; — marché important; — 356 hab.

Irzer-Amokran. — Dép^t. de C.; — groupe de fermes au N. et à 12 kilom. d'Akbou, près de la la route de Beni-Mansour à Bougie, entre Akbou (Metz) et Sidi-Aïch.

Isly. — Dép^t. d'A.; — villg. près d'Alger, sur une des pentes du Sahel, au pied du Fort-l'Empereur;—355 hab.

Isserbourg. — Dép^t. d'A.; — villg. à 6 kilom. N. O. de Bordj-Menaïel et à 20 kilom. de Ménerville; — école mixte; — 217 hab. —; fermes aux environs.

Issers-el-Ouïdan. — Dép^t. d'A.; — douar; — fermes isolées dans la plaine du même nom, sur le territoire d'Isserbourg; — Europ. 52; — Indig. 2034.

Issers (Caravansérail des). — Dép^t. d'A.; — sur la route d'Alger à Tizi-Ouzou, à 66 kilom. d'Alger et à 5 kilom. de Bordj-Menaïel.; — marché chaque vendredi.

Isserville. — Dépt. d'A.; — villg. au S. O. et à 6 kil. de Bordj-Menaïel; — chap.; école mixte; — 276 hab.

J

Jemmapes. — Dépt. de C.; — ch.-l. de comm.; — ville au S. E. et à 41 kilom. de Philippeville, et à 91 kilom. N. E. de Constantine par St-Charles; — justice de paix; — huissiers; — brig. de gendarm.; — église; école; salle d'asile; — hôpital civil; — recev. des Dom.; recev. des Contrib.; — recev. des P.; — télégr.; — Société de S. M.; — marché arabe tous les lundis; — aux environs, vastes forêts de chênes-liége; — 1,410 hab.

Joinville. — Dépt. d'A.; — villg. au N. O. et à 3 kil. de Blidah, sur le ch. de fer d'Alger à Oran; — église; école mixte; — 723 hab.

K

Kaddous. — Dépt. d'A.; — ham. à 8 kilom. S. O. d'Alger, entre El-Achour et Birmandreïss, à l'O. et à 2 kilom. de ce dernier village.

Kalà. — Dépt. de C.; — villg. kabyle (tribu des Beni-Abbès); — au N. O. et à 35 kilom. de Bordj-bou-Arréridj; — bâti sur un rocher très-élevé, on ne peut s'y rendre que par deux chemins praticables aux mulets et aboutissant aux deux portes.

Kalaâ. — Dépt. d'O.; — ham. au S. O. et à 28 kil. de Relizane; — Ec. arabe-franç.; — Europ. 11; — Indig. 3,358.

Kalfoun. — Dépt. de C.; — villg. à l'O. et à 8 kilom. de Sétif, près de la route de Constantine à Alger.

Karézas. — Dépt. de C.; — groupe de maisons dans la plaine du même nom, aux environs de Bône.

Karguentah. — Dépt. d'O.; — un des faubourgs d'Oran; — tête de ligne du ch. de fer d'Oran à Alger; — église; écoles; salles d'asile; — casernes.

Keçar. — Dépt. d'O.; — douar (comm. mixte de Ste-Barbe-du-Tlélat); — Europ. 49; — Indig. 2,642.

Kef-Beni-Hamza. — Dépt. de C.; — groupe de fermes, au confluent de l'oued-rhummel et de l'oued-smendou, au N. et à 19 kilom. de Constantine.

Kef-oum-Teboul. — Dépt. de C.; — villg. à l'E. et à 12 kilom. de La Calle; — église; écoles; — auprès du village, riche mine de plomb argentifère; — 353 hab.

Kenenda. — Dépt. d'O.; — villg. sur la route de Zemmorah à Tiaret, sur l'ancienne smala de Mendez, près de la source d'Aïn-Kenenda; — en voie de peuplement.

Kerata. — Dépt. de C.; — ham. au N. O. et à 49 kil. de Sétif, sur la route de cette ville à Bougie.

Kerbet-el-Hachem. — Dépt. de C.; — villg. et fermes à l'O. et à 15 kilom. de Bordj-bou-Arréridj, près de la route nationale d'Alger à Constantine.

Kermouda. — Dép^t. de C.; — ham. (comm. mixte de Milah) ; — Europ. 422 ; — Indig. 997.

Kerrata. — Dép^t. de C.; — douar (comm. indig. de Takitount,subdivision de Sétif) ; — Europ. 21.

Kesrïa. — Dép^t. de C.; — ham. au N. E. de Batna, route de Constantine, entre Fesdhis et Aïn-Yagout.

Khanguet-Sabath. — Dép^t de C.; — douar (comm. mixte de l'Oued-Zenati) ; — arrondissement de Constantine ; — Europ. 7 ; — Indig. 1,418.

Kharouba. — Dép^t. d'O.; — villg. au N. E. et à 4 kilom. de Mostaganem; — gîte de minerai de plomb.

Khebestani. — Dép^t. de C.; — groupe de fermes dans la comm. de l'Oued-Zenati, r. de Constantine à Guelma.

Khenchela. — Dép^t. de C.; — ville à 116 kilom. S. E. de Batna, à 57 kilom. S. O. de d'Aïn-Beïda et à 92 kil. O. de Tébessa ; — ch.-l. de comm. mixte; — ch.-l. de cercle ; — mairie; justice de paix; huissier; — église; — écoles; — bur. de p.; — télégr. — ville et banl.: 1067 hab.

Kheneg-el-Azir. — Dép^t. d'O.; — caravans. sur la route de Saïda à Géryville et à 24 kilom. de cette dernière ville; — auberge.

Kkeneg-el-Bedzaouï. — Dép^t. de C.; — groupe de fermes au N. O. de Constantine, au confluent de l'ouedrhummel et de l'oued smendou,

Kimerïa. — Dép^t. de C.; — caravans, sur la route de Batna à Sétif par les Oul.-bou-Aoun, et à 40 kil. de Batna.

Kléber. Dépt. d'O, ; — ch.-l. de comm. ; — villg. à 35 kilom. N. E. d'Oran, à 8 kilom. O. d'Arzew et à 6 kilom. S. E. de St-Cloud ; — église ; école mixte ; — 317 hab.

Koléah. — Dépt. d'A. ; — ch.-l. de comm. ; — ville sur le coteau du Sahel, en face de Blidah, au S. O. et à 38 kil. d'Alger ; — justice de paix ; — notaire ; — huissiers ; — brig. de gendarm. ; — église ; écoles ; salle d'asile ; — recev. des Dom. ; recev. des Contrib, ; recev. des P. ; — télégr. ; — casernes ; — pavillon d'officiers ; hôpital militaire ; — Bur. d. bienf. ; — Société de S, M. ; — marché arabe chaque vendredi ; — 3,399 hab.

Kouanine. — Dépt. d'A. ; — groupe de fermes sur la droite de la route de Dellys à Haussonviller, à 22 kilom. S. de Dellys et à 6 kilom. de Rebeval.

Kouba. Dépt. d'A. ; — ch.-l. de comm. ; — villg. au S. E. et à 8 kilom. d'Alger ; — brig. de gendarm. ; — église ; — grand et petit séminaire ; — orphelinat de filles ; — école ; — salle d'asile ; — 1426 hab,

Kouko. — Dépt. d'A. ; — villg. kabyle, au S. E. et à 18 kilom. environ de Fort-National, sur une montagne escarpée, entre deux affluents du sébaou.

Kroubs. — Dépt e C., — ch.-l. de comm. — villg. au S. E. et à 16 kilom. de Constantine, sur la route de Batna, à l'entrée de la vallée de Bou-Merzoug ; — église, écoles ; — recev. des Contrib. ; — bur. de p.; — télégr.; — marché considérable tous les samedis ; — 6,782 hab.

Ksar-Timekmeret. — Dépt. d'A. ; — caravans. sur la route d'Alger à Laghouat, au S. et à 20 kil. de Djelfa.

Ksar-et-Teïr. —Dépt. de C. ; —villg. à 27 kil. de Sétif.

Ksour. — Dépt. de C. ; — caravans. sur la route de Batna à Biskra, au S. O. et à 28 kilom. de Batna.

L

La Calle. — Dépt. de C. ; — ch.-l. de comm. et de cercle ; — ville et port maritime à 80 kilom. N. E. de Bône et à 15 kilom. environ de la frontière de Tunis ; — justice de paix ; — huissier ; — brig. de gendarm. ; — église ; écoles ; salle d'asile ; — recev. des Dom. ; recev. des Contrib. ; recev. des P. ; — télégr. ; — casernes ; pavillon d'officiers ; — hôpital militaire ; — Douanes ; — Société de S. M. ; — 5,608 hab.

La Chiffa. — Dépt. d'A. ; — ch.-l. de comm. ; — villg. à 57 kilom. d'Alger, sur le ch. de fer d'Alger à Oran ; — église ; école ;—bur.de p. ; — télégr. —stat. ; — 1,691 hab.

La Ferme. — Dépt. d'A. ; — villg. à 600 mètres d'Orléansville, sur la rive droite du Chéliff ;— école ; —762 hab.

L'Agha. — Dépt. d'A. ; — villg. à 2 kilom. d'Alger ; — stat. du ch. de fer d'Alger à Oran ; — église ; écoles salle d'asile ; — 2,703 hab.

Laghouat. — Dépt. d'A. ; — ville ; poste militaire et oasis, au S. et à 448 kilom. d'Alger, au bord du désert ; — ch.-l. de comm. ; — ch.-l. de cercle ; — justice de paix ; — huissier ; — brig. de gendarm. ; — église ; — écoles ; — recev. des Contrib. ; — recev. des P. ; — télégr. ; — casernes ; maison de commandement ; pavillon d'officiers ; cercle ; magasins ; hôpital militaire ; — 4,304 hab ; — au N. et au S. , palmiers et jardins.

Lalla-Maghnia. — Dépt. d'O. ; — ch.-l. de comm. mixte ; — subdivision de Tlemcen ; — ch.-l. de cercle ; ville et poste militaire, à l'O. et à 55 kilom. de Tlemcen, près la frontière du Maroc ; — brig. de gendarm. ; — église ; écoles ; salle d'asile ; — recev. des Contrib. ; recev. des P. ; — huissier ; — pavillon d'officiers ; — magasins ; — hôpital militaire ; — marché considérable tous les dimanches ; — 669 hab.

L'Alma. — Dépt. d'A. ; — ch.-l. de comm. . — villg. à l'E. et à 37 kilom. d'Alger, route de Dellys ; — huissiers ; — brig. de gendar. ; — église ; écoles ; salle d'asile ; — recev. des Contrib. ; recev. des P. ; — télégr. ; — villg. 647 Europ. ; — banl. 1,886 Indig.

La Macta. — Dépt. d'O. ; — ham. sur le ch. de fer d'Arzew à Saïda, au S. E. et à 20 kilom. d'Arzew ; — brig. de gendarm. ; — stat. du ch. de fer.

La Maison Blanche. — Dépt, d'A. ; — ham. à 19 kil. S. E. d'Alger et à 7 kilom. après la Maison-Carrée, sur la route du Fondouck.

La Meskiana. — Dépt. de C.; — ham. sur les rives de l'oued qui lui a donné son nom, au S. E. et à 32 kil. d'Aïn-Beïda, — caravans.; — 40 hab.

Lambèse. — Dépt. de C.; — ch.-l. de comm.; — ville au S. E. et à 11 kilom. de Batna; — église; écoles; salle d'asile; — bur. de p.; — télégr.; — maison centrale de détention; 728 hab.

Lamblèche. — Dépt. de C.; — ham. à l'E. et à 9 kilom. de Constantine.

Lamiguier. — Dépt. d'O.; — villg. au N. et à 23 kil. de Tlemcen, sur la route de Mers-el-Kébir.

La M'léta. — Dépt. d'O. — ham. au N. E. et à 28 kil. d'Aïn-Temouchent.

Lamoricière. — Dépt. d'O.; — ch.-l. de comm. mixte; — villg. sur la route de Tlemcen à Bel-Abbès, à l'E. et à 34 kilom. de Tlemcen; — justice de paix; — brig. de gendarm.; — église; école; — bur. de p.; — 961 hab.

Lamtar. — Dépt. d'O.; — villg. au S. O. et à 26 kilom. de Sidi-bel-Abbès, sur la route de Tlemcen à Mascara, et à 10 kilom. de Bou-Kanefis; — bur. de p.; — 180 hab.

La Rahouïa. — Dépt. d'O.; — ham. sur la route de Relizane à Tiaret, au S. E. et à 57 kilom. de Relizane.

La Rassauta. — Dépt. d'A.; — ch.-l. de comm.; — villg. à l'E. et à 21 kilom. d'Alger; — 2,025 hab.

La Réghaïa. — Dépt. d'A.; — ch.-l. de comm.; —

villg. à l'E. et à 30 kilom. d'Alger, route de Tizi-Ouzou ; — église ; école mixte ; — 948 hab.

La Réunion. — Dépt. de C.; — villg. au S. O. et à 13 kilom. de Bougie, sur la route de cette ville à Beni-Mansour ; — église ; école mixte ; — 151 hab.

La Robertsau. — Dépt. de C.; — villg. au S. et à 11 kilom. de Jemmapes ; — école ; — 183 hab.

La Salamandre. — Dépt. d'O.; — ham. à l'O. de Mostaganem, près de la pointe dont il porte le nom.

La Sénia. — Dépt. d'O.; — ch.-l. de comm.; — villg. à 5 kilom. E. de Karguentah (gare d'Oran), sur le ch. de fer d'Oran à Alger ; — station ; — église ; école ;—619 hab.

La Stidia. — Dépt. d'O.; ch.-l. de comm.; — villg. au S. O. et à 15 kilom. de Mostaganem, sur la route d'Oran ; — église ; école mixte ; — 460 hab.

La Trappe. — Dépt. d'A. ; — Abbaye ; — 104 hab.

Lavarande. — Dépt. d'A.; — villg. sur le ch. de fer d'Alger à Oran, à 145 kilom. d'Alger et à 5 kilom. O. d'Affreville ; — église ; école mixte ; — bur. de p. ;— stat. du ch. de fer ; — 758 hab.

La Verdure. — Dépt. de C.; — villg. sur la route de Bône à Souk-Ahras, au N. O. et à 18 kilom. de cette dernière ville ; — école mixte ; — 112 hab.

Le Barrage. — Dépt. d'A.; — sur le ch. de fer d'Alger à Oran, à 195 kilom. d'Alger; — station.

Le Hamma. — Dépt. d'A. ; — ham. à 5 kilom. d'Alger; — jardin d'acclimatation ; — promenade publique.

Le Hamma. — Dépt. de C.; — ch.-l. de comm.; — villg. au N. et à 8 kilom. de Constantine, route de Philippeville ; — église ; école; — station du ch. de fer de Philippeville à Constantine ; — bur. de p. — 2,865 hab.

Le Khemis. — Dépt. d'O.; — villg. au S. O. et à 40 kilom. de Ste-Barbe-du-Tlélat, sur le chemin de ceinture de la M'léta, entre Tamzoura et Aïn-el-Arba.

Le Merdja. — Dépt, d'O. — station ; sur le ch. de fer d'Oran à Alger, à 179 kilom. d'Oran.

Le Rocher de Sel. — Dépt. d'A. ; — caravans. sur la route d'Alger à !Laghouat, à 308 kilom. d'Alger, et à 140 kilom. de Laghouat; — gîte de sel gemme.

Le Rocher. — Dépt. d'O.; — villg. au N. E. et à 5 kilom. de Sidi-bel-Abbès, sur la route du Tlélat ; — chap.

Le Ruisseau. — Dépt. d'A. ; — ham. à l'E. et à 3 kil. de Mustapha-Inférieur; — 1,440 hab.

Les Andalouses. — Dépt. d'O.; — villg. à l'O. et à 6 kilom. de Bou-Sfer, près de la plage, entre le cap Falcon et le cap Lindlès ; — brig. de gendarm. ; — 572 hab.

Les Cinq Palmiers. — Dépt. d'A.; — villg. au N. O. et à 25 kilom. d'Orléansville, route de Ténès.

Les Citronniers. — Dép^t. d'O.; — villg. arabe aux portes de Mostaganem, sur une des rives d'aïn-sefra; — nombreux jardins complantés d'arbres fruitiers.

Les Deux Ponts. — Dép^t. de C.; — ham. au N. E. et à 17 kilom. de Constantine, route de Philippeville.

Les Frênes. — Dép^t. d'A.; — gîte d'étape, sur la route d'Alger à Aumale, au S. E. et à 97 kilom. d'Alger, et à 28 kilom. N. O. d'Aumale.

Les Lauriers roses. — Dép^t. d'O.; — ham. sur le ch. de fer de Ste-Barbe-du-Tlélat à Sidi-bel-Abbès, au S. et à 15 kilom. du Tlélat; — station; — bur. de p.

Les Salines. — Dép^t. d'O.; — ham. sur le ch. de fer d'Oran à Alger, au N. E., et à 12 kilom. de Relizane.

Les Silos. — Dép^t. d'O.; — village sur la route nationale d'Oran à Alger, à 11 kilom. de Relizane et à 8 kil. de l'Hillil; — en voie de peuplement.

Les Tamarins. — Dép^t. de C.; — caravans. sur la route de Batna à Biskra, au S. et à 44 kilom. de Batna.

Les Trembles. — Dép^t. d'A.; — villg. au N. et à 10 kilom. d'Aumale, route d'Alger; — école; — 126 hab.

Les Trembles. — Dép^t. d'O.; — ch.-l. de comm.; — villg. au N. E. et à 16 kilom. de Sidi-bel-Abbès, route du Tlélat; — chap.; école; — bur. de p.; — 1,693 hab.

Les Trois Palmiers. — Dép^t. d'A.; — villg. sur la route de Ténès à Orléansville à 13 kilom. du village des Cinq-Palmiers et à 19 kilom. de Montenotte; — en voie de peuplement.

Le Telagh. — Dép^t. d'O.; — douar (comm. mixte de Daya); — ancienne smala de spahis; — Europ. 23.

Le Thessala. — Dép^t. d'O.; — ch.-l. de comm.; — villg. au N. O. et à 16 kilom. de Sidi-Bel-Abbès.

L'Etoile. — Dép^t. d'O.; — ham. au S. E. et à 6 kilom. d'Oran; — chap.; — annexe de Sidi-Chami.

L'Habra. — Dép^t. d'O.; — ham. et station sur le ch. de f. d'Oran à Alger, à l'O. et à 14 kil. de Perrégaux.

L'Hillil. — Dép^t. d'O.; — villg. sur la route nationale d'Oran à Alger, à l'O. et à 19 kilom. de Relizane, à proximité de ch. de fer d'Alger à Oran; — brig. de gendarm.; — chap.; école; — stat.; — bur. de p.; — 236 hab.

Lodi. — Dép^t. d'A.; — villg. au N. O. et à 4 kilom. de Médéah; — église; écoles; salle d'asile; — 304 hab.

L'Oggaz. — Dép^t. d'O; — ham. sur le ch. de fer d'Oran à Alger, à l'O. et à 6 kilom. de la gare de St-Denis-du-Sig; — école mixte; — station; — 248 hab.

L'Oggaz. — Dép^t. d'O. — douar (comm. mixte de St-Denis-du-Sig); — Europ. 7; — Indig. 1,488.

Lourmel. — Dép^t. d'O.; — ch.-l. de comm.; — villg. sur la route d'Oran à Tlemcen, au S. O. et à 42 kilom. d'Oran; — brig. de gendarm.; — église; école; — 658 hab.

M

Maazlz. — Dép^t. d'O.; — douar (comm. mixte de Lalla-Maghnia); — Europ. 7; — mine de zinc et de plomb.

Madjez. — Dép^t. de C.; — caravans. sur la route de Boudj-bou-Arréridj à Bouçaâda, au S. O. et à 30 kilom. de Bordj-bou-Arréridj.

Madjlba. — Dép^t. de C.; — ham. au S. et à 22 kilom. de Constantine, à droite de la route de Guelma.

Magenta. — Dép^t. d'O.; — villg. au S. et à 65 kilom. de Sidi-bel-Abbès, et à 12 kil. N. O. de Daya; — chap.; école mixte; — bur. de p.; — télég.; — 86 hab.

Mahelma. — Dép^t. d'A.; — ch.-l. de comm.; — villg. à l'O. et à 10 kilom. de Douéra, sur le chemin de Douéra à Zéralda; — église; école mixte; — 869 hab.

Mahouan. — Dép^t. de C.; — villg. au N. et à 12 kilom. de Sétif, près de la route de Bougie; — église; école; salle d'asile; — 362 hab.; — créé par la Cie Génevoise.

Maison.Carrée. — Dép^t. d'A.; — ch.-l. de comm.; villg. à l'E. et à 12 kilom. d'Alger, sur la rive droite de l'Harrach et à proximité du ch. de fer d'Alger à Oran; — brig. de gendarm.; — église; — orphelinat de garçons sous la direction de l'archevêque d'Alger; — écoles; salle d'asile; — maison centrale de détenus; — recev. des Contrib.; — recev. des P.; — télégr.; — marché chaque vendredi; — station; — 2,139 hab.

Malakoff. — Dép^t. d'A.; — ch.-l. de comm. mixte; — villg. à l'O. et à 15 kilom. d'Orléansville, sur le ch. de fer d'Alger à Oran; — station; — chap.; école mixte; bur. de p.; — 281 hab.

Mangin. — Dép^t. d'O.; — ch.-l. de comm.; — villg. au S. E. et à 15 kilom. d'Oran, et à 9 kilom. de Valmy; — chap.; école mixte; — 242 hab.

Mansoura. — Dép^t. d'O.; — villg. au S. O. et à 3 kil. de Tlemcen, route de Lalla-Maghnia; — école; — 176 hab.

Mansoura. — Dép^t. de C.; — villg. kabyle, sur la route de Constantine à Alger, à l'O. et à 32 kilom. de Bordj-bou-Arréridj.

Maoussa. — Dép^t. d'O.; — ham. à l'E. et à 12 kilom. de Mascara, à l'embranchement des routes de Tiaret et de Frendah; — 26 hab.

Mare d'Eau. — Dép^t. d'O.; — ham. sur le ch. de fer d'Oran à Alger, et à 40 kilom. d'Oran; — station.

Markouna. — Dép^t. de C.; — ferme et dépendance du pénitencier de Lambèse, à l'E. et à 8 kil. de cette ville.

Marengo. — Dép^t. d'A.; — ch.-l. de comm.; — villg. sur la route de Blidah, à Cherchell, au N. et à 38 kilom. de Blidah et à 28 kilom. de Cherchell; — justice de paix; — huissier; — brig. de gendarm.; — église; écoles; salle d'asile; — recev. des P.; — télégr.; — hôp. civil; — Soc. d. S. M.; — marché chaque mercr.; — 1,346 hab.

Mascara. — Dép^t. d'O.; — ch.-l. de subdiv. militaire; — ch.-l. de comm.; — ch.-l. de cercle; — ville au S. E. et à 96 kilom. d'Oran; — just. de paix; — notaires; — huissiers; — brig. de gendarm.; — église; — temple protestant; — écoles; salles d'asile; — trésor. P.; — recev. des Dom.; recev. des Contrib.; recev. des P.; — télégr.; — casernes; magasins; hôpital militaire; — Bur. d. Bienf.; Soc. d. S. M.; — Comice agricole; — marché arabe trois fois par semaine; — population : 1,687 franç.; — 783 israél. natur.; — 2,328 étrang. europ.; — 6,498 indig. musulm.; — total, 11,296 hab.

Matha. — Dép^t. de C.; — maison de commandement à 40 kilom. de Souk-Ahras.

Matifou. — Dép^t. d'A.; — ham. à 2 kil. E. d'Aïn-Taya, près de la mer et à 9 kil. au N. de Rouïba; — 727 hab.

Mazagran. — Dép^t. d'O.; — ch.-l. de comm.; — villg. au S. O et à 4 kilom. de Mostaganem, route d'Arzew; — église; écoles; salle d'asile; — 1,172 hab.

Mazouna. — Dép^t. d'O.; — ville arabe, à 5 kilom. S. E. de Renault et à 30 kilom. N. d'Inkermann; — école.

Mechera-Sfa. — Dép^t. d'O.; — caravans. sur la route de Mascara à Tiaret, à 35 kilom. de cette dernière ville.

Mechta en Naar. — Dép^t. de C.; — villg. sur la rive droite de l'oued-rhumel, au N. O. et à 22 kilom. de Constanstine; — fermes aux environs.

Médala. — Dépt. de C.; — groupe de fermes situées dans la plaine de Bougie, confinant à cette commune.

Médéah. — Dépt. d'A.; — ch.-l. de subdiv. militaire; ch.-l. de comm. ; — ch.-l. de cercle ; — ville au S. O. et à 90 kilom. d'Alger, et à 41 kilom. de Blidah, sur la route de Laghouat ; — justice de paix ; — notaire ; huissier ; — brig. de gendarm. ; — église ; — collége communal ; écoles ; — salle d'asile ; — trésor. pay.; — recev. des Dom. ; — recev. des Contrib. ; — recev. des P.; — télégr.; — casernes ; — cercle ; — magasins de subsistances ; — hôpital militaire ; — Bur. d. bienf. ; — Société d. S. M.; — marché arabe chaque vendredi ; — 3,162 hab.

Medjaref. — Dépt. d'O.; — caravans. sur la route de Mascara à Tiaret et à 42 kilom. de Mascara.

Medjez-Amar. — Dépt. de C.; — ham. au S. O. et à 14 kilom. de Guelma.

Medjez-Sfa. — Dépt. de C. ; — ham. au S. E. et à 4 kilom. de Duvivier, route de Souk-Ahras ; — école mixte; — bur. de p.; — 370 hab.

Mefessour. — Dépt. d'O.; — villg. au N. E. et à 4 kilom. de St-Cloud, route d'Arzew ; — école ; — 393 hab.

Mefta. — Dépt. d'O.; — douar (comm. mixte de Ste-Barbe-du-Tlélat) ; — Europ. 61 ; — Indig. 2,750.

Mehadid. — Dépt. d'O.; — douar (comm. mixte de Mekerra) ; — Europ. 31 ; — Indig. 698.

Mekerra. — Dépt. d'O.; — ch.-l. de comm. mixte; villg. au N. et à 3 kilom. de Sidi-Bel-Abbès.

Mekla. — Dépt. d'A.; — poste stratégique, à l'E. de Tizi-Ouzou, sur la rive gauche du Sébaou, chemin de Tizi-Ouzou à Zeffounne.

Mendez. — Dépt. d'O. ; — villg. sur la route de Relizane à Tiaret, au S. E. et à 31 kilom de Relizane.

Ménerville. — Dépt. d'A.; — ch.-l. de comm. ; — villg. à l'E. et à 54 kilom. d'Alger, sur la route d'Alger à Constantine; — point d'intersection entre la plaine de la Mitidja et la vallée des Issers ; — justice de paix ; — brig. de gendarm.; — église; école mixte ; — recev. des Dom. ; — recev. des Contrib.; — bur. de p. ; — télégr.; — hôp. civil ; — 1882 hab.

Merachda. — Dépt. de C.; — douar (comm. mixte de l'Oued-Zenati) ; — Europ. 10 ; — Indig. 1,542.

Mercier-Lacombe. — Dépt. d'O. ; — villg. sur la route de Sidi-bel-Abbès à Mascara, à l'E. et à 38 kil. de Bel-Abbès ; — 374 hab.

Merdja-el-Gargar. — Dépt. d'O.; — douar (comm. mixte d'Inkermann) ; — Europ. 23 ; — Indig. 778.

Merdj-el-Harris. — Dépt. de C.; —groupe de fermes sur la r. de Constantine à Sétif, près de Châteaudun.

Meridja. — Dépt. de C.; — ham. à l'E. et à 9 kilom. de Constantine, chemin de Lamblèche.

Mers-el-Kebir. — Dép^t. d'O.; — ch.-l. de comm.; — ville et port maritime, au N. O. et à 8 kilom. d'Oran; — brig. de gendarm.; — église; écoles; salle d'asile; — recev. des P.; — télégr.; — caserne; — Douanes; — 1,699 hab.

Meslong. — Dép^t. de C.; — villg. au S. et à 11 kilom. de Sétif; — école mixte; — 371 hab.

Messaoud. — Dép^t. d'A.; — ham. à l'O. et à 4 kilom. de Koléah, vers la mer; — école mixte.

Messaoud. — Dép^t. de C.; — villg. au S. O. et à 15 kilom. de Sétif, à proximité de la route de Bordj-bou-Arréridj; — chap.; — marché chaque vendredi; — 315 hab.

Messer. — Dép^t. d'O.; — douar (comm. mixte de Bou-Kanefis) arr^t de S.-bel-Abbès; — Europ. 16; Indig. 1399.

Messod. — Dép^t. d'A.; — gîte d'étape sur la route de Laghouat à Bouçâada, au N. E. et à 80 kil. de Laghouat.

Metlili. — Dép^t. d'A.; — oasis au S. O. et à 30 kilom. environ de Gardaïa, dans le M'Zab, et où aboutissent les routes que suivent les caravanes venant de Goléah, au S., de Bérésina, à l'O., et de Laghouat, au N.; — 30000 palmiers environnent l'oasis.

Metz. — Dép^t. de C.; — ch.-l. de cercle; — ch.-l. de comm. mixte; — villg. aux environs du Bordj d'Akbou, sur la route de Bougie à Beni-Mansour; — au S. O. et à 72 kilom. de Bougie; — chap.; écoles; — école arabe-française; — marché chaque lundi; — 543 hab.

Meurad. — Dépᵗ. D'A.; — ch.-l. de comm. mixte; — villg. au S. et à 4 kilom. de Marengo, sur le chemin de Marengo au barrage; — 181 hab.

Milah. — Dépᵗ. de C.; — ch.-l. de comm. mixte; — villg. au N. O. et à 52 kilom. de Constantine, sur la route de Djidjelly; — justice de paix; — brig. de gendarm.; — église; école arabe-française; — bur. de p.; — télégr.; — villg. 263 Europ.; — banl. 3,487 Indig.

Millanah. — Dépᵗ. d'A.; — ch.-l. d'arrondissement et de comm.; — ch.-l. de cercle; — ville; — sur la route nationale d'Alger à Oran, au S. O. et à 132 kilom. d'Alger, et à 83 kilom de Blidah; — sous-préfecture; — justice de paix; — notaires; — huissiers; — brig. de gendarm.; — église; collége comm.; écoles de garçons; écoles de filles; école israélite; salle d'asile; — trésor. P.; — recev. des Dom.; recev. des P.; — télégr.; — casernes; — cercle; — magasins de subsistances et autres; hôpital militaire; — Société de S. M.; — Comice agricole; — marché arabe tous les vendredis; — Population : 1,234 franç.; — 760 israél. nat.; — 1032 étrang. europ.; — 3,280 indig. musulm.; — total, 6.306 hab. — auprès de la ville, minières très-importantes en pleine exploitation *(minières du Zaccar Rharbi).*

Millésimo. — Dépᵗ. de C.; — ch.-l. de comm.; — villg. à l'E. et à 4 kilom. de Guelma, sur la r. d. de la Seybouse et sur le chemin conduisant à Duvivier, à proximité du ch. de fer de Bône à Guelma; — chap.; écoles; — 666 hab.

Misserghin. — Dépᵗ. d'O.; — ch.-l. de comm.; — villg.

au S. O. et à 15 kilom. d'Oran, sur la route de Tlemcen; — brig. de gendarm.; — église; écoles; salle
d'asile; orphelinats; — recev. des P.; — 3,180 hab.

Mokta-Douz. — Dépt. d'O.; — ch.-l. de comm.; —
villg. situé dans la plaine de l'Habra, au N. et à 8 kilom.
de Perrégaux, à 5 kilom. de Bou-Henni et à 6 kilom. de
la voie ferrée; — église; école mixte; — 1,252 hab.

Mokta-el-Haddid. — Dépt. de C.; — mine de fer
oxydulé près d'Aïn-Mokra, en pleine exploitation; —
c'est la mine la plus riche de toute l'Algérie.

Mokta-el-Ouest. Dépt. d'A.; — caravans. au S. E. et
à 53 kilom. de Djelfa, sur la route d'Alger à Laghouat,

Mondovi. — Dépt. de C.; — ch.-l. de comm.; — villg.
au S. et à 25 kilom. de Bône, sur le ch. de fer de Bône
à Guelma; — justice de paix; — huissiers; — brig. de
gendarm.; — église; écoles; salle d'asile; — recev. des
Contrib.; — recev. des P.; — station du chemin de fer;
— Bur. d. bienf.; — 1,089 hab.

Monias. — Dépt. de C.; — groupe de fermes sur la rive
droite de l'oued-smendou.

Montebello. — Dépt. d'A.; — villg. au N. E. et à 13
kil. de Marengo, r. de Koléah; — bur. de p.; — 658 hab.

Montenotte. — Dépt. d'A.; — ch.-l. de comm.; —
villg. au S. et à 7 kilom. de Ténès, sur la route d'Orléansville; — brig. de gendarm.; — église; écoles; —
bur. de p.; — villg. 290 Europ.; — banl. 2,858 Indig.

Montpensier. — Dépt. d'A.; — villg. à 2 kilom. N. E. de Blidah ; — église ; école mixte ; — 256 hab.

Mostaganem. — Dépt. d'O.; — ch.-l. d'arrondissement et de comm.;— ville à 1,100 m. de la mer, sur un plateau, au N. E. et à 89 kilom. d'Oran ; — sous-préfecture ; — tribunal de 1re instance ;— justice de paix ; — notaires ; défenseurs ; huissiers ; brig. de gendarm.; — église ; orat. protestant ; mosquée ; synagogue ; collège communal ; écoles ; pensionnats ; salle d'asile ; — trésor. P.;— recev. des D.; recev. des P.; — casernes; magasins de subsistances ; hôpital militaire ; — Bur. d. bienf. ; — Société de S. M. ; — C. d'Eparg. ; — Comice agricole.; — popul.; 2,213 franç.; — 922 israél. natur. — 2,303; étrang. europ.; — 5,323 ind. musulm.; — tot. 10,761 hab.

Moudjebar. — Dépt. d'A.; — caravans. sur la route d'Alger à Laghouat, au N. et à 15 kilom. de Boghari.

Mouzaïa-les-Mines. — Dépt. d'A.; — mines de cuivre et de fer, à 45 kilom. S. O. de Blidah et à 10 kilom. N.O. de Médéah.

Mouzaïaville. — Dépt. d'A.; — ch.-l. de comm.; — villg. à 63 kilom. d'Alger (voie ferrée), sur la route d'Oran; — brig. de gendarm.; — église ; écoles ; salle d'asile ; — recev. des P.; — télégr.;— station du ch. de fer ; — villg. et banl.; 3094 hab.

M'rabot-Moussa. — Dépt. de C.; — douar et groupe de fermes, à l'O. du villg. de Duquesne et à 12 kilom. de Djidjelly ; — Europ. 37; — Indig. 394.

M'Rafer. — Dépt. de C.; — caravans. sur la route de Biskra à Tuggurt, au S. et à 106 kilom. de Biskra.

M'Sllah. — Dépt. de C.; — poste militaire et ville arabe au S. O. et à 58 kilom. de Bordj-bou-Arréridj, sur la route de Bouçaâda; — ch.-l. de cercle; — école arabe-française; — bur. de p.; — télégr.; — marché le plus important du cercle de Bordj-bou-Arréridj; — 112 hab.

Mellah. — Dépt. d'O.; — villg. forestier, près la forêt du même nom, au N. E. et à 12 kilom. de Bou-Tlélis.

M'ta-el-Abbous. — Dépt. d'A.; — ham. à 11 kilom. de Blidah et à 60 kilom. d'Alger.

Muley-Abdelkader. — Dépt. d'O.; — ham. à l'E. et à 32 kilom. de Sidi-bel-Abbès, sur le chemin de cette ville à Mascara; — école mixte; — 71 hab.

Mustapha-Inférieur. — Dépt. d'A.; — section et ch.-l. de la comm. de Mustapha; — villg. au S. et à 3 kilom. d'Alger; — brig. de gendarm.; — église; écoles; salle d'asile; — hôpital civil, où sont traités les malades d'Alger; — caserne de cavalerie; parc aux fourrages; — champ de manœuvres; — établissement de bains de mer (Tivoli); — bur. de bienfais.; — abattoir; — 2,355 hab.

Mustapha-Supérieur. — Dépt. d'A.; — villg. à 4 kilom. d'Alger; — brig. de gendarm.; — église; école normale primaire; institution de demoiselles (Sacré-Cœur); pensionnats; — télégr.; — palais d'été du Gouverneur Général; — 761 hab.

M'Zab. — Le M'Zab commence au Djebel-Mazedj au S.
E. de Laghouat, s'étend du N. E. au S. E. et finit au N.
de N'Goussa, dans l'Aghalik d'Ouargla ; son altitude
moyenne est de 560 mètres ; — La température y varie
suivant les saisons, entre 38 et 22 degrés ; en hiver il
gèle souvent et il neige quelquefois.

La confédération des M'Zabites comprend sept villes, dont
cinq dans la vallée de l'oued-m'zab et deux en dehors.
Les cinq premières sont, en allant du N. au Sud :

Gardaïa. — au S. E. et à 180 kilom. de Laghouat, en
amphithéâtre sur un mamelon ; 14,000 hab. dont 300 israélites environ, qui sont à la tête du commerce; au N. et à
1,500 mètres de la ville, sur la rive gauche du M'Zab,
magnifiques jardins ; — 80,000 palmiers.

Mélika. — A l'E. et à 1 kilom. de Gardaïa ; c'est la ville
sainte du M'Zab ; — tombeau de Sidi-Aïssa.

Beni-Isguen. — Au S. E. et à moins de 2 kilom. de Gardaïa ; — marchés spéciaux, où les marchands du Sud
apportent leurs produits ; — 8,000 hab. ; — en dehors de
de la ville, belles plantations de palmiers.

Bounoura. — A l'E. et 1 kil. de Mélika ; pas de commerce.

El-Ateuf. — A l'E. et à 2 kil. de Bounoura ; — 2,000
hab. ; — belles plantations au S. de la ville.

On évalue à 25,000 le nombre des M'Zabites qui habitent
les cinq villes.

De l'autre côté du massif, en remontant vers le N., s'élè-
vent les ksours de *Berrian* et de *Guerrara*, qui n'ont aucune importance commerciale.

N

Nadhor. — Dép^t. de C. ; — tribu (comm. indig. de Souk-Ahras) ; — Europ. 62.

Nador. — Dép^t. d'A.; — villg. entre Tipaza et Marengo ; à l'E. et à 10 kil. de Zurich. ; — en voie de peuplement.

Nador. — Dép^t. d'A.; — groupe de fermes près de Médéah.

Nador. — Dép^t. de C. ; — station sur le chemin de fer de Bône à Guelma, à 67 kilom. de Bône.

Narah. — Dép^t. de C.; — ville arabe au S. et à 42 kilom. de Batna, *(Caïdat des Beni-Daoud).*

Nazereg. — Dép^t. d'O. ; — villg. sur la route de Mascara à Saïda, à 51 kilom. S. de Mascara ; — 134 hab.

Nechmeya. — Dép^t. de C. ; — ch.-l. de comm.; villg. sur la route de Guelma à Bône, par Héliopolis, au N. E. et à 22 kilom. de Guelma ; — église ; école ; — 514 hab.

Nédromah. — Dép^t. d'O.; — villg. au S. E. et à 17 kilom. de Nemours, sur le revers N. du Djebel-Filaoussen, au pied du Col de Taza; — chap.; école arabe-française ; — marché arabe tous les jeudis ; — 372 hab.

Negaous. — Dép^t. de C.; — villg. au S. O. et à 183 kil. de Constantine et à 64 kilom. de Batna.

Négrier. — Dép^t. d'O.; — villg. au N. et à 5 kilom. de Tlemcen, route d'Oran ; — chap.; école ; — 184 hab.

Nekmaria. — Dépt. d'O.; — villg. au N. et à 54 kilom. d'Inkermann, sur la route du Dhara.

Nemaïcha. — Dépt. d'O.; — douar (commune mixte de Mekerra); — Europ. 23; — Indig. 806.

Nemours. — Dépt. d'O.; — ch.-l. de comm.; — ch.-l. de cercle; — ville et port maritime, à l'E. et à 34 kilom. de la frontière du Maroc, à 204 kilom. S. O. d'Oran et à 104 kilom. N. O. de Tlemcen; — justice de paix; — brig. de gendarm.; — église; écoles; salle d'asile; — recev. des Dom.; recev. des Contrib.; — télégr.; — caserne; — hôpital milit.; — douanes; — 2065 hab.

Notre-Dame-d'Afrique. — Dépt. d'A.; — chapelle monumentale, édifiée sur l'emplacement de l'ancien Consulat de France, près d'Alger, (*Vallée des Consuls*), sur un mamelon qui domine St-Eugène; — but de pèlerinage; — auprès de la chapelle, petit séminaire.

Novi. — Dépt. d'A.; — villg. à l'O. et à 7 kilom. de Cherchell, près de la mer, sur la route de Ténès; — église; école mixte; salle d'asile; — 450 hab.

O

Obernai. — Dépt. de C.; — villg. à 12 kilom. N. O. d'Oued-Athménia; — école mixte.

Oran. — Dépt. d'O.; — ville; place forte de première classe et port de commerce, à l'O. et à 420 kilom. d'Alger par le ch. de fer; — ch.-l. de dépt.; — ch.-l. de

comm.; — ch.-l. de division militaire et de subdivision;
— direction d'artillerie et de génie; intendance divisionnaire; direction divisionnaire des bureaux arabes; —
siége épiscopal suffragant d'Alger; — tribunal de 1re instance; justice de paix; — tribunal et chambre de commerce; — siége de Conseil de guerre et de Conseil de
révision; — notaires; défenseurs; huissiers; — gendarm.;
— résidence des Consuls étrangers; — église cathédrale;
églises paroissiales; couvents; temple protestant; synagogue; mosquées; — collége communal; — chaire d'a-
rabe; — grand et petit séminaires; — écoles communales; salle d'asile; — institutions privées pour les deux
sexes; — trésorerie; — succursale de la banque de l'Algérie; — directeur des Dom. et de l'Enregist.; recev.
des Contrib.; recev. des P.; — télégr.; — Agence de la
Cie Valéry frères (Service maritime); — casernes; — magasins de subsistances et autres; — hôpitaux civil et militaire; — Bur. de bienf.; — Sociétés de S. M.; — C.
d'Eparg.; — Comice agricole; — tête de ligne du chemin de fer d'Oran à Alger; — population: 11,047 franç.;
— 4,948 israél. natur; — 24,863 étrang. europ.; —
4,782 indig. musulm.; — total, 45,640 hab.

Orléansville. — Dépt. d'A.; — ch.-l. d'arrondt et de
comm.; ch.-l. de subdivision et de cercle; — ville sur la
rive gauche du Chéliff, au S. O et à 229 kil. d'Alger; —
sous-préfecture; justice de paix; notaire; huissiers; —
brig. de gendarm.; — église; écoles; salle d'asile; —
trésor. pay.; recev. des Dom.; recev. des Contrib.; —
recev. des P.; — télégr.; — casernes; — magasins; —
hôpital militaire; — Bur. de bienf.; — Sociétés de S. M.;

Comice agricole ; — gare du chemin de fer au S. E. et en dehors de la ville ; — marché très-important chaque dimanche ; — 2,549 hab.

Ouargla. — Dépt. d'A. ; — ville arabe au S. et à 798 kilom. d'Alger, au milieu d'une oasis ; — 2,500 hab. ; — ni industrie, ni commerce ; — vaste forêt de dattiers.

Oued-Athménia. — Dépt. de C. ; — ch.-l. de comm. ; — villg. au S. O. et à 40 kilom. de Constantine, route de Sétif et sur la rive gauche du rhumel ; — justice de paix ; — huissier ; — brig. de gendarm. ; — église ; école mixte ; — recev. des Contrib. ; — recev. des P. ; — télég. ; — marché important ; — aux environs, sources thermales et carrière ; — villg. et banl. : 4,101 hab.

Oued-Besbès. — Dépt. de C. ; — villg. à l'E. et à 8 kilom. de Mondovi, et à 24 kil. S. E. de Bône ; — école.

Oued-Cham. — Dépt. de C. — villg. sur la route de Guelma à Souk-Ahras et à 24 kilom. de cette dernière ville ; — école mixte ; — 159 hab.

Oued-Cham. — Dépt. de C. ; — ham. distant de 2 kil. du village précédent.

Oued-Cherf. — Dépt. de C. ; — caravans. au S. et à 15 kilom. de Guelma, sur le chemin d'Aïn-Beïda.

Oued-Corso. — Dépt. d'A. ; — fermes sur la rive gauche de l'oued-corso, à 8 kilom. E. de l'Alma, route d'Alger à Constantine.

Oued-Deheb. — Dépt. de C.; — ham. à 33 kilom. N. E. de Sétif; — 218 hab.

Oued-Dekri. — Dépt. de C.; — ham. au S. O. et à 15 kilom. d'Oued-Athménia, à droite de la route de Sétif; — marché important; — Europ. 66; — Indig. 2,876.

Oued-Djema. — Dépt. d'O.; — villg. sur la route nationale d'Oran à Alger, à l'E. et à 12 kilom. de Relizane,

Oued-Djer. — Dépt. d'A.; — maison de garde sur le ch. de fer d'Alger à Oran, à 101 kilom. d'Alger; — arrêt.

Oued-el-Aleug. — Dépt. d'A.; — ch.-l. de comm.; — villg. entre Koléah et Blidah, sur la route qui relie ces deux villes, au N. et à 10 kilom. de Blidah; — église; écoles; — bur. de p.; — télégr.; — 2538 hab.

Oued-El-Aneb. — Dépt. de C.; — ham. annexe de la commune d'Aïn-Mokra; — 574 hab.

Oued-el-Hammam. — Dépt. d'O.; — villg. au N. O. et à 19 kilom. de Mascara, sur la route de St-Denis-du-Sig; — station du ch. de fer d'Arzew à Saïda; — brig. de gendarm.; — église; école; — bur. de p.; 465 hab.

Oued-Fodda. — Dépt. d'A.; — ch.-l. de comm. mixte; villg. sur le ch. de fer d'Alger à Oran, à l'O. et à 40 kil. de Duperré; — brig. de gendarm.; — église; écoles; — bur. de p.; — télégr.; — station; — 597 hab.

Oued-Ghoul. — Dépt. d'A.; — groupe de fermes au S. et à 7 kilom. de Teniet-el-Haâd.

Oued-Imbert. — Dépt. de C.; — villg. au S. et à 32 kil. de Ste-Barbe-du-Tlélat, route de Bel-Abbès, près du ch. de fer qui relie ces deux centres, à 57 kilom. d'Oran et à 24 kilom. de Bel-Abbès; — bur. de p.; — station.

Oued-Kebir. — Dépt. de C.; — tribu (comm. indig. de La Calle); — Europ. 30.

Oued-Malah. — Dépt. d'O.; — ham. et fermes sur le ch. de fer d'Oran à Alger, au N. et à 20 kilom. de Mascara et à 90 kilom. d'Oran; — bur. de p.; — station.

Oued-Marsa. — Dépt. de C.; — groupe de fermes à l'E. de Bougie, sur le littoral; — 84 hab.

Oued-Merdja. — Dépt. d'A.; — mine de cuivre, au S. E. et à 12 kilom. de Blidah.

Oued-Noukal. — Dépt. de C.; — mine de plomb argentifère, au S. E. et à 27 kilom. de Philippeville.

Oued-Okris. — Dépt. d'A.; — caravans. sur la route d'Aumale à Sétif, à 30 kilom. d'Aumale.

Oued-Rouina. — Dépt. d'A.; — ham. sur le ch. de fer d'Alger à Oran, à l'O. et à 14 kil. de Duperré; — station.

Oued-Sadjar. — Dépt de C.; — groupe de fermes, au S. O. et à 20 kil. de Constantine.

Oued-Sebbah. — Dépt. d'O.; — douar (comm. mixte d'Aïn-Temouchent; — Europ. 17; — Indig. 5,551.

Oued-Seguin. — Dép^t. de C. ; — ch.-l. de comm. ; — villg. au S. O. et à 16 kil. d'Aïn-Smara, et à 35 kil. de Constantine ; — église ; — école mixte ; — 1,738 hab.

Oued-Serim. — Dép^t. de C. ; — douar (comm. mixte de Bône) ; — Europ. 100.

Oued-Slissen. — Dép^t. d'O. ; — douar (comm. mixte de Daya) ; — Europ. 7.

Oued-Smendou. — Dép^t. de C. ; — groupe de fermes sur la route de Constantine à Philippeville, au N. et à 23 kil. de Constantine.

Oued-Touta. — Dép^t. de C. ; — villg. au N. et à 8 kil. de Guelma ; — église ; — école mixte ; — 99 hab.

Oued-Taria. — Dép^t. d'O. ; — villg. sur la route de Mascara à Saïda, au S. et à 32 kil. de Mascara ; — brig. de gendarm. ; — chap. ; — école ; — bur. de p. ; — 323 hab.

Oued-Zeboudj. — Dép^t. d'A. ; — ham. sur le ch. d. f. d'Alger à Oran. à l'E. et à 300 mètres du viaduc d'Adélia, à 25 ku. L. de Milianah.

Oued-Zenati. — Dép^t. de C. ; — ch.-l. de comm. ; — villg. au S. O. et à 12 kil. de Guelma, route du Kroub ; — justice de paix ; — huissiers ; — brig. de gendarm. ; — église ; — école mixte ; — recev. des Contrib. ; — bur. de p. ; — le lundi et jeudi de chaque semaine, marchés très-fréquentés par les arabes ; — 350 hab.

Ouillis. — Dép^t. d'O. ; — ham. à 800 mètres au N. de la route du Dahra ; au N. et à 11 kil. du Pont-du-Chéliff.

Ouisert. — Dépt. d'O. ; — ham. au S. O. et à 12 kil. de Taria, à droite de la route de Mascara à Saïda.

Oulad-Keddache. — Dépt. d'A. ; — villg, sur la route de Dellys à Haussonviller, au S. et à 13 kil. de Dellys.

Oulad-Madjoub. — Dépt. d'A., — groupe de fermes à 6 kil. S. E. de Dellys.

Ouled-Abbès. — Dépt. d'A.; — ham. à 1 kil. de la voie ferrée d'Alger à Oran, et à 2 kil. de la gare des Attafs ; — en voie de peuplement.

Ouled-Abeïd. — Dépt de C.; — groupe de fermes près la r. d'Oued-Athménia à Milah, à 7 k. d'Oued-Athménia.

Ouled-Ali. — Dépt. d'O.; — stat. du ch. de fer de Ste-Barbe-du-Tlélat à Sidi-bel-Abbès ; — brig. de gendarm.

Ouled-Aouat. — Dépt. de C.; — tribu (comm. indig. d'El-Milia) ; — Europ. 12.

Ouled-Aréma. — Dépt. de C. ; — groupe de fermes au S. O. et à 34 kil. de Constantine, et à 6 kil. d'Aïn-Smara.

Ouled-Attias. — Dépt. de C.; — douar (comm. mixte d'Aïn-Mokra), arrondt de Bône ; — Europ. 13 ; — Ind. 1,756.

Ouled-Bouhoum. — Dépt. de C. ; — tribu (comm. indig. de Batna) ; — Europ. 30.

Ouled-Farès. — Dépt. d'A.; — ham. au N. O. d'Or-léansville et à 8 kil. environ de la r. d'Orléansville à Ténès.

Ouled-Fayet. — Dépt. d'A.; — villg. au S. O. et à 6 kil. de Dély-Ibrahim ; — église ; — école ; — 234 hab.

Ouled-Khaled. — Dépt. de C.; — douar (comm. mixte d'Aïn-M'lila); — Europ. 16; — Indig. 1,577.

Ouled-Mendil. — Dépt. d'A.; — ham. à 3 kil. de Douéra.

Ouled-Rhamoun. — Dépt. de C.; — ch.-l. de comm.; — villg. au S. S. E. et à 26 kil. de Constantine, sur la route de Constantine à Batna, dans la vallée du Bou-Merzoug; — justice de paix; — huissier; — brig. de gendarm.; — école mixte; — bur. de p.; — 283 hab.

Ouled-Sekar. — Dépt. de C.; — douar (com. mixte d'Aïn-M'lila), arrondt de Constantine; — Europ. 44; — Ind. 268.

Ouled-Sidi-Ali-Tahament. — Dépt. de C.; — douar (comm. mixte de Batna), arrondt de Constantine; — Europ. 41; — Indig. 937.

Ouled-Sidi-Yahia. — Dépt. de C.; — tribu (comm. indig. de Tébessa); — Europ. 14.

Ouled-Zaoui. — Dépt. de C.; — douar (comm. mixte d'Aïn-M'lila); — Europ. 12; — Indig. 1,201.

Oulmen. — Dépt. de C.; — douar (comm. indig. d'Aïn-Beïda); — Europ. 8.

Oum-el-Alleg. — Dépt. d'A.; — villg. et fermes sur la route d'Alger à Constantine, à 10 kil. S. E. de Palestro, et à 26 kil. de Dra-el-Mizan; — école mixte.

Oum-el-Bouaghi. — Dépt. de C.; — caravans. sur la route d'Aïn-Beïda à Constantine, à 24 kil. d'Aïn-Beïda, et à 88 kil. de Constantine.

Ouréah. — Dépt. d'O.; — ham. au S. O. et à 6 kil. de Mostaganem, sur la route d'Oran.

Ouzellaguen. — Dépt. de C.; — tribu (comm. indig. d'Akbou); — Europ. 39.

P

Paladines. — Dépt. de C.; — villg. sur la route de Constantine à Sétif, à 84 kil. de Constantine; — 319 hab.

Palestro. — Dépt. d'A.; — villg. sur la route d'Alger à Constantine, à 79 kil. S. E. d'Alger et à 25 kil. de Ménerville; — brig. de gendarm.; — église; — écoles comm.; — bur. de p.; — télégr.; — 488 hab.

Palikao. — Dépt. d'O.; — villg. à l'E. et à 19 kil. de Mascara, sur la route de Tiaret; — chap.; — école mixte; — bur. de p.; — 193 hab.

Pelissier. — Dépt. d'O.; — ch.-l. de comm.; — villg. au N. E. et à 4 kilom. de Mostaganem; — chap.; école mixte; — villg. et banl.: 2,025 hab.

Penthièvre. — Dépt. de C.; — ch.-l. de comm.; — villg. au S. O. et à 33 kilom. de Bône, sur la route de Guelma; — brig. de gendarm.; — église; oratoire protestant; écoles; salle d'asile; — bur. de p.; — 1537 hab.

Perrégaux. — Dépt. d'O.; — ch.-l. de comm.; — villg. à l'E. et à 75 kilom. d'Oran (voie ferrée), sur la rive droite de l'Habra, au N. et à 28 kilom. de Mascara; — justice de paix; huissier; brig. de gendarm.; — église; écoles; — recev. des P.; — télégr.; — station du ch. de fer; — marché arabe chaque jeudi; — 2,100 hab.

Petit. — Dép^t. de C.; — ch.-l. de comm.; — villg. à l'E. et à 8 kilom. de Guelma; — église; école mixte; salle d'asile;.— station du ch. de fer de Bône à Guelma; — villg. 190 Europ.; — banl. 588 Indig.

Philippeville. — Dép^t. de C.; —ch.-l. d'arrondissem^t et de comm.; — ville et port maritime; au N. et à 86 kilom. de Constantine (voie ferrée); —sous-préfecture; — tribunal de 1re instance; — justice de paix; notaires; défenseurs; huissiers; — brig. de gendarm.; — église; temple protestant; mosquées; synagogues; — collége communal; écoles; pensionnats; salles d'asile; —trésor. pay.; — recev. des Dom.; recev. des Contrib.; recev. des P.; — télégr.; — musée; — caserne d'infanterie et de cavalerie; — cercle militaire; — magasins de subsistances et autres; — hôpital; —douanes; —Succurs. de la B. d'Alg.; — Bur. de bienf.; — Sociétés de S. M.;— C. d'Eparg.; — Comice agricole; — tête de la ligne du ch. de fer de Philippeville à Constantine; — gare pour les marchandises; — dépôt de machines et de matériel d'exploitation;'— population: 4562 français'; — 57 israélites naturalisés; —6055 étrangers europ.; —797 indigènes musulm.; — total, 11,471 hab.

Pointe-Pescade. —Dép^t. d'A.; — ham. à l'O. et à 6 kilom. d'Alger, sur le bord de la mer; — villas et fermes; — école libre mixte; — poste de douaniers; — 448 hab.

Pont-d'Aumale. — Dépt. de C. ; — ham. au N. O. et à 3 kilom. de Constantine, route de Philippeville.

Pont-de-Duvivier. — Dépt. de C. ; — ham. sur la route de Bône à Souk-Ahras.

Pont-de-la-Merdja. — Dépt. de C. ; — caravans. au N. O. et à 32 kilom. de Tébessa, route de Souk-Ahras.

Pont-de-l'Isser. — Dépt. d'O. ; — villg. au N. et à 32 kilom. de Tlemcen, route d'Oran ; — brig. de gendarm.; — église ; école ; bur. de p. ; 155 hab.

Pont-de-l'Oued-Djer. — Dépt. d'A. ; — ham. sur la la route nationale d'Alger à Oran, au N. O. et à 3 kilom. de Bou-Medfa, à proximité du ch. de fer.

Pont-du-Caïd. — Dépt. d'A. ; — ham. au N. E. et à 32 kilom. de Teniet-el-Haâd, route de Milianah.

Pont-du-Chéliff. — Dépt. d'O. ; — villg. à 25 kilom. N. E. de Mostaganem et à 5 kilom. N. O. d'Aïn-Tedlès; église ; — école mixte; — 223 hab.

Pontéba. — Dépt. d'A. ; — villg. sur la rive gauche du Chéliff, au N. E. et à 6 kilom. d'Orléansville (voie ferrée) ; — église ; école; — bur. de p. ; — stat.; — 220 hab.

Port-aux-Poules. — Dépt. d'A. ; — maisons de pêcheurs au N. E. et à 70 kilom. environ d'Alger; au N. O. et à 4 kilom., environ, de Zemouri.

Port-aux-Poules. — Dépt. d'O.; — ham. au S. E. et à 12 kilom. d'Arzew, sur un plateau qui domine la Macta.

Portes-de-Fer *(Les Bibans)*. — Dép^t. de C. ; — passages traversés par la route de Constantine à Alger, au N. O. et à 55 kilom. de Bordj-bou-Arréridj ; — l'un d'eux est désigné sous le nom de *Petite Porte*, l'autre sous le nom de *Grande Porte* ; — source d'eau sulfureuse entre les deux portes ; au pied du rocher coule l'oued-maklou.

Q

Quarante-cinquième-kilomètre. — Dép^t. de C. ; — villg. sur la route de Bône à Souk-Ahras.

Quatre-Chemins. — Dép^t. d'A. ; — ham. à la rencontre de la route d'Alger à Blidah et de la route d'Alger à Koléah, par la plaine, au N. et à 8 kilom. de Boufarick et à 28 kilom. au S. d'Alger.

Quartier-Julienne. — Dép^t. d'A. ; — ham. annexe de la commune de Mustapha ; — 1,230 hab.

R

Rachgoun. — Dép^t. d'O, ; — villg. sur la rive droite et à l'embouchure de la Tafna, en regard de l'île.

Randon. — Dép^t. de C. ; — ch.-l. de comm. ; — villg. au S. E. et à 17 kilom. de Bône, sur la route départementale de Bône à La Calle ; — église ; école ; 4,546 hab.

Ras-bou-Merzoug. — Dép^t. de C. ; — ham. sur la route de Bône à Souk-Ahras, à 35 kilom. de Constantine.

Ras-el-Akba. — Dép^t. de C. ; — villg. à 13 kilom. de l'Oued-Zenati et à 85 kilom. de Constantine.

Ras-el-Mah. — Dép^t. de C. ; — villg. au S. E. et à 15 kilom. de Sétif ; — en voie de peuplement.

Ras-el-Mah. — Dép^t. de C. ; — ham. à l'O. et à 10 kil. de Jemmapes, sur la route de cette ville à Philippeville par St-Charles ; — mine de mercure.

Rébeval. — Dép^t. d'A. ; — villg. au S. et à 17 kilom. de Dellys, sur la route de Dellys à Haussonviller ; — brig. de gendarm. ; — ; église ; — écoles ; — bur. de p. — villg. et banl. 836 hab. — (vallée du Sébaou).

Redjas-el-Ferada. — Dép^t. de C, ; — villg. sur la r. de Constantine à Djidjelly, à l'O. et à 25 kil. de Milah.

Relizane. — Dép^t. d'O. ; — ch.-l. de comm. ; — villg. sur le ch. de fer d'Oran à Alger, à 126 kilom. d'Oran, sur la pente occidentale d'une colline au pied de laquelle s'étend la plaine de la Mina ; — justice de paix ; notaire ; huissiers ; — brig. de gendarm. ; — église ; écoles ; salle d'asile ; — recev. des Dom. ; recev. des Contrib. ; recev. des P. ; — télégr. ; — caserne ; — hôpital civil ; — bur. de bienf. ; — société de S. M. ; — Comice agricole ; — marché arabe ; — station ; — 3,549 hab.

Renault. — Dép^t. d'O. ; — villg., route du Dabra, à 30 k. N. d'Inkermann ; — école ; Bur. d. p. ; télég. ; — 360 hab.

Retour-de-la-Chasse. — Dép^t. d'A. ; — ham. au S. E. et à 17 kilom. d'Alger, route du Fondouck.

Ribeauvillé. — Dépt. de C.; — villg. sur la route de Milah à Oued-Athménia; au N. et à 8 kilom. de ce dernier centre, et à 40 kil. S. O. de Constantine.

Rio-Salado. — Dépt. d'O.; — villg. au N. E. et à 13 kil. d'Aïn-Temouchent, route d'Oran à Tlemcen; — chapelle; — bur. de poste; — 420 hab.

Rivet. — Dépt. d'A.; — villg. au N. E. et à 8 kilom. de l'Arbah, sur le ch. conduisant au Fondouck, et à 28 kil. d'Alger; — église; — école; — 1,214 hab.

Rivoli. — Dépt. d'O.;—ch.-l. de comm.; — villg. au S. et à 12 kilom. de Mostaganem, route de Perrégaux;— église; école; salle d'asile; —Soc. de S. M.;—1286 hab.

Robertville. — Dépt. de C.; — ch.-l. de comm.; — villg. sur le ch. de fer de Philippeville à Constantine, au S. O. et à 32 kilom de Philippeville (voie ferrée); — église; écoles; salle d'asile; — bur. de p.; — Société de S. M.; — station; — 1,109 hab.

Rouffach. — Dépt. de C.; — ch.-l. de comm.; — villg. à l'O. et à 16 kil. de Constantine; — brig. de gendarm.; église; écoles; — bur. de p.; — 404 hab.

Rouïba. — Dépt. d'A.; — ch.-l. de comm.; — villg. à l'E. et à 25 kilom. d'Alger, sur la route de Dellys; — église; école;— recev. des Contr.; bur. de p.; 1920 hab.

Rovigo. — Dépt. d'A.; — ch.-l. de comm.; — villg. au S. et à 30 kilom. d'Alger, et à 24 kilom. E. de Blidah;— église; — écoles; — 1,728 hab.

Ruisseau-des-Singes. — Dépt. d'A. ; — auberge ; au N. et à 8 kilom. du village de La Chiffa, à l'entrée de la gorge du même nom, sur la route de Médéah ; — but d'excursion pour les touristes. — Site pittoresque.

S

Saf-Saf. — Dépt. d'O. ; — villg. au N. E. et à 4 kilom. de Tlemcen, route d'Oran ; — chap. ; école ; — 199 hab.

Saf-Saf. — Dépt. de C. ; — ham. sur le ch. de fer de Philippeville, à Constanstine ; stat. à 10 kil. de Philippev.

Sahouria. — Dépt. d'O. ; — villg. sur la ligne du ch. de fer d'Oran à Alger, au N. E. et à 6 kil. de Perrégaux.

Saïda. — Dépt. d'O. ; — poste militaire et ville ; — ch.-l. de comm. mixte et ch.-l. de cercle (subdiv. de Mascara) ; au S. et à 74 kilom. de Mascara, près de l'Oued-Saïda ; — justice de paix ; — notaire ; huissier ; — brig. de gendarm. ; — église ; écoles ; salle d'asile ; — recev. des Dom. ; recev. des Contrib. ; recev. des P. ; — télégr. ; — casernes ; magasins, hôpital militaire ; — marché arabe tous les lundis ; — 1031 hab.

Saïgre. — Dépt. d'A. ; — ham. à l'O. et à 3 kilom. de Koléah, sur la route de Tefeschoun.

Saint-Aimé. — Dépt. d'O. ; — villg. et fermes, près ch. de fer d'Alger à Oran ; au N. E. et à 33 kilom. de Relizane ; — école ; bur. de p. ; — 468 hab.

Saint-André-d'Oran. — Dépt. d'O. — bourg maritime au S. O. et à 1 kil. de Mers-el-Kébir, route d'Oran.

Saint-André. — Dépt. d'O.; — villg. annexe de Mascara, au S. O. et à 3 kilom. de cette ville, route de Bel-Abbès; — chapelle; — école mixte; — 490 hab.

Saint-Antoine. — Dépt. de C.; — villg. au S. O. et à 5 kilom. de Philippeville, route de Constantine; — église; école mixte; salle d'asile; — 370 hab.

Saint-Arnaud. — Dépt. de C.; — ch.-l. de comm.; — villg. sur la route de Constantine à Sétif; à l'E. et à 26 kilom. de cette dernière ville; — justice de paix; huissier; — brig. de gendarm.; — église; écoles; — bur. de p.; — télégr.; — 936 hab.

Saint-Augustin. — Dépt. de C.; — ham. annexe de la commune de Bône, au N. et à 2 kil. de cette ville.

Saint-Charles. — Dépt. d'A.; — ham. au N. O, et à 6 kilom. des Quatre-Chemins, et à 9 kil. de Boufarick.

Saint-Charles. — Dépt. de C.; — ch.-l. de comm.; — villg. sur le ch. de fer de Philippeville à Constantine, à 17 kilom. S. de Philippeville; — brig. de gendarm.; — église; école mixte; — bur. de p.; — station; — marché important tous les mercredis; — 1,232 hab.

Saint-Cloud. — Dépt. d'O.; — ch.-l. de comm.; — ville au N. E. et à 23 kilom. d'Oran, sur la route d'Arzew; — justice de paix; notaire; huissier; — brig. de gendarm. ; — église ; écoles ; salle d'asile ; recev. des Dom. ; recev. des P. ; — télégr. ; — 2,107 hab.

Saint-Cyprien-des-Attafs. — Dépt. d'A. ; — ch.-l. de comm. ; — villg. et ferm. sur la r. d'Alger à Oran, à l'O. et à 26 kil. de Duperré, à proximité du ch. de fer ; — stat. ; — chap. ; s. d'asile ; — hospice ; — 1,873 hab.

Saint-Denis-du-Sig. — Dépt. d'O. ; — ch.-l. de com. ; — ville au S. E. et à 52 kilom. d'Oran, sur le ch. de fer d'Oran à Alger, et sur la r. d. du Sig. ; — justice de paix ; notaire ; huissier ; — brig. de gendarm. ; — église ; écoles ; salle d'asile ; pensionnats ; — recev. des Dom. ; — recev. des Contrib. ; — recev. des P. ; — télégr. ; — hôpital civil ; — marché très important, chaque dimanche ; — Bur. de bienf. ; — — Société de S. M. ; — Comice agricole ; — station ; — population : 1,179 franç. ; — 280 israél. natur. ; — 5,867 étrang. europ. ; — 1,682 indig. musulm. ; — total, 9,008 hab.

Saint-Donat. — Dépt de C. ; — villg. sur la route de Constantine à Sétif, au S. O. et à 72 kilom. de Constantine ; — église ; école mixte ; — bur. de p. ; — 163 hab.

Saint-Eugène. — Dépt. d'A. ; — ch.-l. de comm. ; — villg. au N. et à 3 kilom. d'Alger, sur le bord de la mer ; — brig. de gendarm. ; — église ; synagogue ; écoles et pensionnats ; salle d'asile ; — télégr. ; — 928 hab.

Saint-Ferdinand. — Dépt. d'A. ; — villg. au N. O. et à 7 kilom. de Douéra ; — église ; école ; — 224 hab.

Saint-Georges. — Dépt. d'O.; — villg. au S. E. et à 11 kilom. d'Oran, entre St-Rémy et Sidi-Chamy.

Saint-Gérôme. — Dépt. d'O.; — ham. entre Oran et Mers-el-Kébir, à 5 kilom. d'Oran.

Saint-Hyppolite. — Dépt. d'O.; — villg. au N. et à 3 kilom. de Mascara, sur le plateau d'Aïn-Toudman; — école mixte; — 179 hab.

Saint-Joseph. — Dépt. de C.; — villg. au S. E. et à 35 kil. de Mondovi; — st. du ch. d. f. de Bône à Guelma.

Saint-Jules. — Dépt. d'A.; — ham. au N. et à 4 kilom. des Quatre-Chemins, et à 9 kilom. de Douéra.

Saint-Jules. — Dépt. d'O.; — faubourg de Mostaganem, — villg. en face de Beymouth.

Saint-Léon *(dit Gambetta).* — Dépt. d'O.; — groupe de villas à l'E. et à 3 kilom. d'Oran, sur la route d'Arcole.

Saint-Leu. — Dépt. d'O.; — villg. au S. E. et à 9 kil. d'Arzew, r. de Mostaganem; — égl.; école; — 2851 hab.

Saint-Louis. — Dépt. d'O.; — ch.-l. de comm.; — villg. au S. E. et à 20 kil. d'Oran, et à 10 kil. à l'E. de Sidi-Chamy; — brig. de gendarm.; — église; écoles; salle d'asile; — 831 hab.

Saint-Louis. — Dépt. de C.; — ham. à l'E, et à 22 kilom. de Philippeville, sur le bord de la mer; exploitation de carrières de marbre blanc.

Saint-Lucien. — Dépt. d'O.; — villg. sur le chemin de

fer de Ste-Barbe-du-Tlélat à Sidi-bel-Abbès, au S. E. et à 6 kilom. du Tlélat, près la stat. des Gharabas ; 250 hab.

Saint-Maurice. — Dépt. d'A. ; — villg. au N. E. et à 2 kilom. de Koléah, route d'Alger.

Saint-Michel. — Dépt d'O. ; —un des faubourgs d'Oran.

Saint-Paul. — Dépt. d'A. ; — villg. annexe de la commune de St-Pierre-St-Paul, au S. E. et à 36 kilom. d'Alger, entre l'Alma et le Fondouk ; — 202 hab.

Saint-Pierre. — Dépt. d'A. ; — ch.-l. de la commune de Saint-Pierre et Saint-Paul, au S. E. et à 40 kilom. d'Alger ; — école mixte ; — 545 hab.

Saint-Rémy. — Dépt. d'O. ; — ham. au S. E. et à 8 kilom. d'Oran, sur la route de Sidi-Chamy.

Sainte-Adélaïde. — Dépt. d'O. ; — ham. à 12 kil. E. de Saint-Cloud, et à 41 kil. d'Oran.

Sainte-Amélie. — Dépt. d'A. ; — villg. à 6 killom. N. de Douéra et à 3 kilom. E. de Mahelma ; — église ; école mixte ; — 185 hab.

Sainte-Anne. — Dépt. de C. ; — banlieue de Bône.

Sainte-Barbe-du-Tlélat. — Dépt. d'O, ; — ch.-l. de comm. ; — villg. au S. E. et à 26 kilom. d'Oran (voie ferrée), à proximité du chemin de fer d'Oran à Alger ; — justice de paix ; huissier ; — brig. de gendarm. ; — église ; écoles ; salle d'asile ; — bur. de p. ; — télégr. ; — tête de ligne du ch. de fer de Ste-Barbe-du-Tlélat à Sidi-bel-Abbès ; — marché chaque lundi ; — 911 hab.

Sainte-Clothilde. — Dépt. d'O.; — villg. à 3 kilom. d'Oran, sur la route de Mers-el-Kebir.

Sainte-Croix-de-l'Edough. — Dépt. de C.; — ham. à l'O. et à 2 kilom de Bugeaud.

Sainte-Eugénie. — Dépt. de C.; — ham. à 19 kilom. de Philippeville.

Sainte-Isabelle. — Dép. d'O.; — ham. (com. de Kléber).

Sainte-Léonie. — Dépt. d'O.; — villg. au S. O. et à 4 kilom. d'Arzew; — église; école; — 239 hab.

Sainte-Marie-du-Corso. — Dépt. d'A.; — ham. et fermes, à l'E. et à 5 kilom. de l'Alma.

Sainte-Monique. — Dépt. d'A.; — villg. situé dans la plaine du Chéliff, entre St-Cyprien-des-Attafs et la st. de l'O.-Rouïna, près du ch. de f., à 4 kil. E. de St-Cyprien.

Sainte-Wilhelmine. — Dépt. de C.; — villg. au N. O. et à 4 kilom. d'El-Kantour et à 1 kil. d'El-Arrouch.

Sakamody. — Dépt. d'A.; — ham. sur la route d'Alger à Aumale, par l'Arbah, et à 12 kil. de ce dernier centre.

Saoula. — Dépt. d'A.; — villg. au S.O. et à 4 kilom. de Birkadem, sur la route de Douéra, et à 15 kilom. d'Alger; — église; école mixte; — 694 hab.

Sebdou. — Dépt. d'O.; — ch.-l. de comm. mixte et ch.-l. de cercle (subdiv. de Tlemcen); — poste militaire, au S. et à 40 kilom. de Tlemcen; — casernes; pavillon d'officiers; mag. des subs. et autres; — école; — bur. de p.; — télégr.; — marché arabe chaque jeudi; — 160 hab.

Sebdou. — Au N. E. de la redoute de Sebdou; — villg. routier; — redoute et villg.: 43 hab.

Sedjar-el-Foukani. — Dépt. de C.; — gr. de fermes sur la r. de Constantine à Sétif, près d'Aïn-Smara.

Sedjar-el-Lautani. — Dépt. de C.; — gr. de fermes dans la commune d'Aïn-Smara, à 24 kilom. de Constantine et à 27 kilom. d'Oued-Athménia.

Sedrata. — Dépt. de C.; — tribu (commune indigène d'Aïn-Beïda); — Europ. 22.

Seggana. — Dépt. de C.; — caravans. sur la route de Batna à Bou-Saâda par Barika, à 70 kilom. de Batna.

Seggana. — Dépt. de C.; — villg. au S. O. et à 63 kil. de Batna; — en voie de peuplement.

Segnia. — Dépt. de C.; — tribu (commune indigène de Constantine); — Europ. 15.

Selassel. — Dépt. de C.; — fermes isolées au N. E. et à 15 kilom. de Milah.

Selib-et-Taya. — Dépt. de C.; — douar (comm. mixte de Guelma); — Europ. 12; — Indig. 2172.

Senhadjas. — Dépt. d'A.; — groupe de fermes rattachées au villg. de Bou-Haroun, sur la r. g. de l'Isser.

Senhadjas. — Dép^t. de C.; — douar (comm. mixte d'Aïn-Mokra) ; arrond^t. de Bône ; — Eur. 4 ; Ind. 2,133.

Sennada. — Dép^t. de C.; — douar (commune mixte de Bordj-bou-Arréridj) ; — Europ. 10 ; — Indig. 107.

Serahna. — Dép^t. de C.; — villg. sur la route de Djid-jelly à Constantine, à l'O. et à 14 kilom. de Milah.

Sétif. — Dép^t. de C.; — ch.-l. d'arrond^t.; ch.-l. de subdiv. militaire ; ch.-l. de comm. ; ch.-l. de cercle ; — ville à l'O. et à 126 kilom. de Constantine, sur la route nationale de Constantine à Alger ; — sous-préfecture ; — tribunal de 1re instance ; justice de paix ; notaires ; défenseurs ; huissiers ; brig. de gendarm. ; — église ; oratoire protestant ; synagogue ; mosquées ; — collége communal ; écoles ; salle d'asile ; pensionnats ; — recev. des Dom. ; recev. des Contrib.; recev. des P.; — télégr.; — casernes ; magasins de subsistances et autres ; hôpital militaire ; — succurs. de la Banque d'Algérie ; — Bur. de bienf.; — Société de S. M.; — Comice agricole; — marché arabe très-important chaque dimanche ; — pop.: 2,080 franç. ; — 772 isr. natur. ; — 977 étrang. curop.; — 5,057 indig. musulm.; — total, 8,886 hab.

Settara. — Dép^t. de C.; — tribu (comm. indig. d'Aïn-Beïda) ; — Europ. 25.

Sfissifa. — Dép^t. d'O.; — caravans. sur la r. de Saïda à Géryville, à 86 kil. de Saïda et à 64 kil. de Géryville.

Sfizef. — Dép^t. d'O.; — douar (comm. mixte de Mekerra) ; — Europ. 5 ; — Indig. 2072.

Sidi-Aïch. — Dépt. de C.; — villg. sur la r. de Bougie à Beni-Mansour, au S. O. et à 48 kil. de Bougie; — 79 hab.

Sidi-Aïssa. — Dépt. d'A.; — caravans. sur la route d'Aumale à Bouçaâda, à 35 kilom. d'Aumale et à 160 kilom. d'Alger; — auberge.

Sidi-Ali-ben-Hamoud. — Dépt. d'O.; — douar (commune mixte d'Aïn-Temouchent); Europ. 12; Ind. 2362.

Sidi-Ali-ben-Youb. — Dépt. d'O.; — villg. au S. et à 32 kilom. environ de Sidi-bel-Abbès, et à 33 kilom. N. de Magenta; — brig. de gendarm.; — école mixte; — bur. de p.; — 547 bab.

Sidi-Ali-Cherif. — Dépt d'O.; — douar (comm. mixte de St-Denis-du-Sig); — Europ. 4; — Indig. 648.

Sidi-Amar. — Dépt. de C.; — groupe de fermes à 3 kil. de Robertville, territoire desservi par le ch. de grande communication de Collo à El-Arrouch.

Sidi-Amram. — Dépt. d'O.; — ham. au S. et à 3 kil. 1/2 de Sidi-Bel-Abbès, sur le ch. de cette ville à Mascara.

Sidi-Bakti. — Dépt. d'O.; — groupe de fermes au N. et à 10 kil. de Lourmel; — 351 hab.

Sidi-Bel-Abbès. — Dépt. d'O.; — ch.-l. d'arrondt.; ch.-l. de comm.; — ville au S. et à 82 kilom. d'Oran; — sous-préfecture; justice de paix; notaires; huissiers; — brig. de gendarm.; — église; écoles; salles d'asile; pensionnats; — trésor. Pay.; recev. des Dom.; recev.

des Contrib.; recev. des P.; — télégr.; — casernes;
magasins de subsistances; hôpital militaire ; — Comice
agricole;— tête de ligne du ch. de fer de Sidi-bel-Abbès
à Ste-Barbe-du-Tlélat; — marché arabe très-important,
le jeudi de chaque semaine ;—population : 2,044 franç.;
— 410 israél. natur.; — 6992 étrang. europ.; — 1326
indig. musul.; — total, 10,772 hab.

Sidi-Bel-Khaïr. — Dépt. d'O.; — ham. au S. et à 6
kilom. de St-Barbe-du-Tlélat, dont il est une annexe ; —
marché arabe très-important.

Sidi-Ben-Adda. — Dép. d'O.; — douar (commune
mixte d'Aïn-Temouchent) ; — Europ. 68 ; — Indig. 1923.

Sidi-Ben-Hanifia. — Dépt. d'O.; — caravans. près de
de l'établissement des eaux thermales de ce nom, sur la
route de Mascara à Sidi-Bel-Abbès.

Sidi-bou-Médine. — Dépt. d'O. ; — ham. au S. E. et
à 2 kilom. de Tlemcen ; — on y remarque le tombeau
du saint personnage dont il porte le nom.

Sidi-Brahim. — Dépt. d'O.; — villg. au N. E. et à 13
kilom. de Sidi-Bel-Abbès, sur la route de Bel-Abbès à
Ste-Barbe-du-Tlélat ; — église; école mixte ; — station
du ch. de fer; — bur. de p.; — 742 hab.

Sidi-Brahim. — Dépt. d'O. ; — marabout au S. O. et à
12 kilom. de Nemours; — à jamais célèbre par la lutte
que soutint la troupe du colonel Montagnac contre les
réguliers d'Abd-el-Kader (25 septembre 1845).

Sidi-Chamy. — Dépt. d'O.; — ch.-l. de comm.; — villg. au S. E. et à 14 kilom. d'Oran; — église; écoles; salle d'asile; — 784 hab.

Sidi-Daho. — Dépt. d'O.; — douar (comm. mixte d'Aïn-Temouchent); — Europ. 37; — Indig. 1258.

Sidi-Ferruch. — Dépt. d'A.; — villg. à l'O. et à 24 kilom. d'Alger, sur le bord de la mer; — fort, armé de puissantes batteries et pouvant, en cas d'attaque, contenir 2,000 hommes; — point de débarquement de l'armée française le 14 juin 1830; — 69 hab.

Sidi-Ghalem. — Dépt. d'O.; — douar (comm. mixte de Ste-Barbe-du-Tlélat); — Europ. 132; — Indig. 2,762.

Sidi-Khaled. — Dépt. d'O.; — villg. au S. O. et à 15 kilom. de Sidi-Bel-Abbès, par Sidi-l'Hassen; — école mixte; — 478 hab.

Sidi-Khaled. — Dépt. d'O.; — ham. au S. O. et à 1 kilom. de Tiaret, route de Frendah.

Sidi-Kkalef. — Dépt. d'A.; — à 1 kilom. de Cherragas; — c'est là que fut livré, (24 juin 1830), le combat qui suivit la bataille de Staouéli.

Sidi-L'Hassen. — Dépt. d'O.; — ch.-l. de comm.; — villg. au S. O. et à 6 kilom. de Sidi-Bel-Abbès, sur le chemin de grande communication de Tlemcen à Mascara; — église; écoles; — 941 hab.

Sidi-Mabrouck. — Dépt. de C.; — ham. au S. E. et à 5 kilom. de Constantine, sur les pentes du Mansoura.

Sidi-Maklouf. — Dép^t. d'A.; — carav. sur la r. d'Alger à Laghouat, au N. et à 38 kil. de cette dernière ville.

Sidi-Marouf. — Dép^t. d'O.; — ham. près de Sidi-Chamy.

Sidi-M'bareck. — Dép^t. de C.; — villg. sur la route de Sétif à Bordj-Bou-Arréridj, au N. E. et à 14 kilom. de cette dernière ville; — 539 hab.

Sidi-Mérouan. — Dép^t. de C.; — villg. sur le chemin de Milah à El-Miliah, au N. et à 12 kilom. de Milah; — école mixte; — 1,309 hab.

Sidi-Mesrich. — Dép^t. de C.; — villg. sur le chemin d'El-Arrouch à Collo, à 9 kilom. de Robertville; — en voie de peuplement.

Sidi-Moussa. — Dép^t. d'A.; — ch.-l. de comm.; — villg. au S. et à 23 kilom. d'Alger, par Maison-Carrée; — église; écoles; — bur. de p.; — 1,904 hab.

Sidi-Nassar. — Dép^t. de C.; — ham. à l'E. et à 4 kil. de Jemmapes; — chap.; — 214 hab.

Sidi-Okba. — Dép^t. de C.; — ville arabe, au S. E. et à 26 kilom. de Biskra; — tombeau de Sidi-Okba, un des premiers propagateurs de l'Islamisme.

Sidi-Saâda. — Dép^t. d'O.; — douar (comm. mixte de Relizane); — Europ. 5.

Sidi-Zaher. — Dép^t. d'O.; — caravans. sur la route de de Maghrnia à Gar-Rouban, à 14 kilom. de Maghrnia.

Si-Djilali-ben-Amar. — Dépt. d'O.; — caravans. sur la route de Mascara à Tiaret et à 68 kil. de Mascara.

Sigus. — Dépt. de C.; — villg. au S. E. et à 38 kilom. de Constantine, sur la route de cette ville à Aïn-Beïda; — en voie de peuplement.

Sik-ou-Meddour. — Dépt. d'A.; — villg. kabyle, au N. E. et à 7 kilom. environ de Tizi-Ouzou, à gauche de la route qui conduit à Fort-National.

Sirat. — Dépt. d'O.; — ham. sur la route nat. d'Oran à Alger entre Aboukir et Bouguirat, au S. et à 20 kilom. de Mostaganem; — 161 hab.

Smendou. — (Voyez Condé-Smendou).

Souk-Ahrras. — Dépt. de C. ; — ch.-l. de comm. ; — ch.-l. de cercle ; — ville, au S. E. et à 99 kilom. de Bône, sur la route n^le projetée de Constantine à la Tunisie ; — bureau arabe ; — justice de paix ; huissiers ; — brig. de gendarm. ; — église ; écoles ; salle d'asile ; — recev. des Dom.; recev. des Contrib. ; recev. des P.; — télégr.; — casernes ; — hôpital ; — poste de Douane ; — Comice agricole ; — marché hebdom. considérable ; — 3,065 hab.

Souk-el-Haâd. — Dépt. d'A.; — villg. au S. E. et à 6 kilom. de Ménerville, route de Palestro ; — école ; — villg. et banl. ; : 1.074 hab.

Souk-el-Mitou. — Dépt. d'O.; — ch-l. de comm. ; — villg. à l'E. et à 2 kilom. d'Aïn-Tédelès ; — église ; — école ; — 597 hab.

Soumah. — Dépt. d'A.; — ch.-l. de comm.; — villg. au S. et à 7 kilom. de Boufarick, au N. E. et à 10 kilom. de Blidah; — église; écoles; — aux environs, riche mine de fer en exploitation; — 1858 hab.

Staouéli. — Dépt. d'A.; — villg. et fermes, au S. O. et à 11 kilom. de Cherragas, dans la plaine où se livra, le 19 juin 1830, la bataille qui assura la conquête d'Alger; — église; école; — 460 hab.
A 2 kil. au S. O., monastère de *La Trappe*. (V. ce nom).

Stora. — Dépt. de C.; — ch.-l. de comm.; — villg. au N. O. et à 14 kilom. de Philippeville; — brig. de gendarm.; — église; écoles; salle d'asile; — bur. de p.; — télégr.; — Douanes; — 969 hab.; — nombreuses villas.

Strasbourg. — Dépt. de C.; — villg. au S. E. et à 12 kilom. de Djidjelly; — école mixte; — 1015 hab.

T

Tabia (La). — Dépt. d'O.; — villg. sur la r. d. de la Mekerra, au S. et à 4 kilom. de Bou-Khanefis, r. de Magenta.

Tablat. — Dépt. d'A.; — villg. sur la route d'Alger à Aumale, par l'Arbah, au S. E. et à 41 kilom. de ce dernier centre, et à 54 kil. au N. d'Aumale; brig. de gend.

Tafaraoua. — Dépt. d'O.; — caravans. au S. et à 28 kilom. de Saïda, sur la route Géryville.

Tafaraoui. — Dépt. d'O.; — villg. au S. O. et à 10 kil. de Ste-Barbe-du-Tlélat; chap.; 155 hab.

Taguemount. — Dépt. d'A.; — villg. arabe au N. O. et à 35 kilom. de Laghouat.

Taguin. — Dépt. d'A.; — à l'O, et à 70 kilom. de *Le Rocher de Sel* (voy. ce nom), et à 173 kilom. S. O. de Boghari; — le duc d'Aumale s'y empara de la smala d'Abd-El-Kader (14 mai 1843).

Taher. — Dépt. de C.; — villg. et fermes, sur la route de Djidjelly à Constantine, à proximité des centres de Duquesne et de Strasbourg; — en voie de peuplement.

Takdempt. — Dépt. d'O.; — ancien fort arabe construit par Abd-el-Kader, puis smala de spahis, à l'O. et à 10 kilom. de Tiaret; — Europ. 12.

Takedempt. — Dépt. d'A.; — groupe de fermes, à l'O. et à 5 kilom. de Dellys, route de Dellys à Alger.

Takitount. — Dépt. de C.; — villg. et poste militaire, au N. et à 40 kilom. de Sétif; — bur. arabe; — justice de paix; — bur. de p.; — télégr.; — Europ. 29.

Taksebt. — Dépt. d'A.; — villg. au S. E. et à 13 kilom. de Tizi-Ouzou.

Tamalou. — Dépt. de C.; — caravans. sur la route de Collo à Philippeville, à 28 kilom. de Collo.

Tamesguida. — Dépt. d'A.; — douar (comm. de Médéah); — Europ. 28; — Indig. 8,597.

Tamzourah. — Dépt. d'O.; — ch.-l. de comm.; — villg. au S. O. et à 28 kilom. de Ste-Barbe-du-Tlélat, par Arbal; — église; école; — bur. de p.; — 426 hab.

Taourira. — Dépt. d'O.; — bam. près d'Aïn-Sfa (cercle de Daya) ; — chantiers d'alfa.

Taza. — Dépt. d'A.; — à l'E. et à 40 kilom. de Teniet-el-Haâd, ancienne résidence d'Abd-el-Kader ; abandonnée et brulée par les arabes. le 26 mai 1841.

Tazgaït. — Dépt. d'O.; — douar (comm. mixte de Cassaigne) arr. de Mostaganem ; — Europ. 68 ; — Ind. 586.

Tazmalt. — Dépt. de C.; — villg, au S. et à 14 kilom. d'Akbou, sur la route de Bougie à Beni-Mansour, sur la rive gauche de l'oued-sahel, à l'O. et à 1500 mètres, environ, du Bordj du même nom ; — villg. et banl.: 2,071 hab.

Tébessa. — Dépt. de C.; — ch.-l. de comm. mixte ; — ch,-l. de cercle ; — ville, au S. E. et à 210 kilom. de Constantine (subdiv. de Constantine) ; — justice de paix ; huissier ; — égise ; écoles ; recev. des Dom.; recev. des Contrib. ; recev. des P.; — télégr.; — caserne ; — marché considérable, le dimanche et le mardi de chaque semaine ; — ville et banl.: 2,902 hab.

Tefeschoun. — Dépt. d'A.; — villg. au S. O. et à 4 kilom. de Castiglione, et à 9 kilom. de Koléah ; — école mixte ; — 279 hab.

Tekbalet. — Dépt. d'O.; — ham. au N. E. et à 43 kil. de Tlemcen, à droite et à 1,800 mètres de la route nationale de Tlemcen à Mers-el-Kebir ; — 126 hab.

Telagh. — Dépt. d'O.; — villg. au N. et à 17 kilom. de Daya, route de Sidi-bel-Abbès, par Tenira.

Téllat. — Dépt. d'O.; — douar (comm. mixte de Ste-Barbe-du-Tlélat ;) — Europ. 60.

Tellouin. — Dépt, d'O.; — douar (comm. mixte de Mekerra); — Europ. 27; — Indig. 1660.

Témacin- —'Dépt. de C.; — oasis, au S. O. et à 20 kilom. de Tuggurt.

Temda. — Dépt d'O ; — caravans. sur la route de Relizane à Tiaret, au S. E. et à 77 kilom. de Relizane.

Temellouka. —Dépt. de C.; — villg. au N. O. et à 9 kilom. de Sétif.

Ténazet. — Dépt. d'O.; — douar (comm. mixte de Ste-Barbe-du-Tlélat); — Europ. 58; — Indig. 4,427.

Ténès. — Dépt. d'A.; — ch.-l. de comm.; ville et port maritime, à l'O. et à 222 kilom. d'Alger, par Koléah, et à 53 kilom. N. d'Orléansville; —justice paix; notaire; huissier; — brig. de gendarm.; — église; écoles; salle d'asile; — recev. des Dom.; recev. des Contrib.; recev. des P.; — télégr.; — casernes; magasins; hôpit. milit.; —Soc. de S. M.; — marché chaque jeudi ; —3,539 hab.

Ténès (Vieux). — Dépt. d'A.; — villg. à l'E. et à 2 kilom. de Ténès (ville) ; aux environs, mines de cuivre.

Tenia. — Dépt. d'O.; — douar (comm. mixte de Ste-Barbe-du-Tlélat) ; — Europ. 70 ; Indig. 2,243.

Teniet-el-Haâd. — Dépt. d'A.; — ch.-l. de comm.; — ch.-l. de cercle (subdivision d'Orléansville) ; — ville et poste militaire, au S. O. et à 199 kilom. d'Alger et à 72 kilom. au S. O. de Milianah ; — justice paix ; huissier ; brig. de gendarm. ; — église ; écoles ; salle d'asile ; — recev. des Contrib. ; recev. des P. ; télégr. ; — casernes ; magasins ; ateliers de condamnés militaires ; hôpital militaire ; — Société de S. M. ; — à 2 kilom. O., magnifique forêt de cèdres ; — 1069 hab.

Ténira. — Dépt. d'O. ; — villg. au S. E. et à 25 kilom. de Sidi-Bel-Abbès, sur la route de Daya, par Télagh ; — église ; école mixte ; — bur. de p. ; — 314 hab.

Terny. — Dépt. d'O. ; — ham. sur la route de Tlemcen à Sebdou, au S. O. et à 12 kil. de Tlemcen ; — 60 hab.

Thessalah. — Dépt. d'O. ; ch.-l. de comm. ; — villg. au N. O. et à 16 kilom. de Sidi-bel-Abbès ; — 994 hab.

Tiaret. — Dépt. d'O. ; — ch.-l. de comm. ; ch.-l. de cercle (subdiv. de Mascara) ; — ville et poste militaire, au S. E. et à 243 kilom. d'Oran, et à 140 kilom. E. de Mascara ; — justice de paix ; huissier ; brig. de gendarm. ; — église ; écoles ; salle d'asile ; — recev. des Dom. ; recev. des Contrib. ; recev. des P. ; — télégr. ; — casernes ; magasins ; hôpital militaire ; — Comice agricole ; — marché arabe chaque lundi ; — 2,613 hab.

Tibekirt. — Dépt. de C. ; — caravans. sur la route de Bougie à Sétif, à 43 kilom. de Bougie.

Timiès. — Dépt. d'O. ; — villg. sur la route départle de Bel-Abbès à Daya, au S. et à 30 kilom. de Bel-Abbès, et à 2 kil. du villg. de Sidi-Ali-ben-Youb ; — 55 hab.

Tifilès. — Dépt. d'O.; — douar (comm. mixte de Bou-Ka-néfis) ; arrt. de Bel-Abbès ; — Europ. 294 ; — Ind. 1,037.

Tigditt. — Dépt. d'O.; — ham. (banl. de Mostaganem.)

Tilmount. — Dépt. d'O.; — douar (comm. mixte de Mékerra) ; — Europ. 176 ; — Indig. 1084.

Tipaza. — Dépt. d'A.; — villg. sur le bord de la mer, au N. E. et à 12 kil. de Marengo, et à 27 kilom. S. O. de Castiglione ; — école ; — 709 hab.

Tirenat. — Dépt. d'O.; — douar (comm. mixte de Bou-Kanéfis) ; arrt. de Sidi-bel-Abbès ; — Eur. 9 ; Ind. 1,514.

Tixeraïn. — Dépt. d'A.; — ham. à 2 kil. N. O. de Birkadem.

Tizi-N'Béchar. — Dépt. de C.; — ham. sur la route départementale de Sétif à Bougie, à 1800 mètres du fort de Takitount, à 58 kilom. de Sétif et à 76 kilom. de Bougie ; — en voie de peuplement.

Tizi-Ouzou. — Dépt. d'A.; — ch.-l. d'arrondt. ; ch.-l. de comm.; — ville et poste militaire en pleine Kabylie, à l'E. et à 104 kilom. d'Alger, sur la route d'Alger à Fort-National; — sous-préfecture; tribunal de 1re instance; justice de paix; défenseurs; huissier; brig. de gendarm. ; — église; écoles; salle d'asile ; — trésor. P.; recev. des Dom.; recev. des Contrib.; recev. des P.; télégr.; — casernes; magasins et ateliers; hôpital militaire; — Société de S. M. ; — Comice agricole; marché très-important, chaque samedi ; — 2,463 hab.

Tizi-Reniff. — Dépt. d'A.; —villg. au N. et à 12 kilom. de Dra-el-Mizan, route de Bordj-Menaïel ; — école mixte.

Tlemcen. — Dépt. d'O.; —ch.-l. d'arrondt.; ch.-l. de subdiv. militaire ; ch.-l. de comm. ; ch.-l. de cercle ; — ville, au S. O. et à 139 kilom. d'Oran ; — sous-préfecture ; tribunal de 1re instance ; justice de paix ; notaires ; défenseurs ; huissiers ; brig. de gendarm. ; — églises ; oratoire protestant ; synagogues ; mosquées ; — collége communal ; écoles spéciales des différents cultes ; écoles de droit musulman ; pensionnats ; salle d'asile ; —trésor. Pay. ; recev. des Dom. ; recev. des Contrib. ; recev. des P. ; télégr. ; — casernes ; magasins ; hôpital militaire ; — succurs. de la B. de l'Alg. ; —Bur. de bienf. ; — Soc. de S. M. ; — Comice agricole ; — marchés quotidiens très fréquentés ; — Population : 2,287 franç. ; 3,012 israél. natur. ; 2,340 étrang. europ. ; 13,356 indig. musulm. ; — total : 20,995 hab.

Tnïn. — Dépt. d'A. ; ham. au S. et à 20 kil. de Dellys, entre Ouled-Keddache et Rebeval, à l'E. et à égale distance de ces deux centres.

Tolga. — Dépt. de C.; — oasis au S. O. et à 6 kilom.. environ de l'oasis de Zaatcha.

Tombeau de la Chrétienne. — Dépt. d'A.; — au N. E. et à 3 kilom. environ de Montebello, à droite de la route qui conduit de Koléah à Marengo ; —monument qui aurait, dit-on, servi de sépulture à toute une famille de rois maures ; — une des curiosités de l'Algérie.

Touabet. — Dépt. d'A.; — groupe de fermes au S. et à 10 kilom. de Dellys, route de Dellys à Alger.

Touarga. — Dépt. d'A.; — villg. au S. E. et à 16 kil. de Dellys, à g. de la r. de Dellys à Tizi-Ouzou.

Toumiat. — Dépt. d'O.; — douar (comm. mixte de Ste-Barbe-du-Tlélat); — Europ. 6; — Ind. 1710.

Tounin. — Dépt. d'O.; — ch.-l. de comm.; — villg. à à 4 kilom. N. E. de Pelissier et à 9 kilom. de Mostaganem; — église; école mixte; — 1632 hab.

Tréat. — Dépt. de C.; — douar (comm. mixte d'Aïn-Mokra); arrondt. de Bône; — Europ. 397; — Ind. 2317.

Tuggurt. — Dépt. de C.; — ville arabe, capitale de l'Oued-R'rir, au S. et à 440 kilom. de Constantine, à 206 kilom. S. S. E. de Biskra, au N. E. et à 180 kilom. environ de Ouargla; — 1,500 hab.; — nombreuses mosquées; kasbah; — marchés quotidiens et lieu d'échange pour tout le commerce du sud; — jardins magnifiques arrosés par des puits et ombragés, au S. et à l'E. de la ville, par 400,000 palmiers.

V

Valée. — Dépt. de C.; — villg. au S. E. et à 6 kilom. de Philippeville, route de Jemmapes; — église; école mixte; salle d'asile; — 266 hab.

Vallée des Consuls. — Dépt. d'A.; — ham. dans la

vallée qui s'étend à l'O. de St-Eugène, entre deux chaînes du Bouzaréah ; — c'était, avant la conquête, la résidence d'été des consuls étrangers ; — 310 hab.

Vallée des Jardins. — Dépt. d'O.; — ham. à l'E. et à 4 kilom. de Mostaganem.

Valmy. — Dépt. d'O.; — ch.-l. de comm.; — villg. au S. E. et à 10 kilom. d'Oran, sur le ch. de fer d'Oran à Alger ; — église; école ; — bur. de p.; — stat. ; — 752 hab.

Vesoul-Bénian. — Dépt. d'A.; — ch.-l. de comm.; — villg. au N. E. et à 23 kilom. de Milianah ; — église ; — école mixte ; salle d'asile ; — bur. de p.; — station qui porte le même nom, sur le chemin de fer d'Alger à Oran, à 98 kilom. d'Alger ; — 301 hab.

Village-Espagnol. — Dépt. d'O.; — villg.; banlieue de Relizane.

Village-Nègre. — Dépt. d'O. ; — villg.; banlieue de Relizane.

Voirol (Colonne). — Dépt d'A. ; — groupe de villas au S. de Mustapha-Supérieur, sur la route d'Alger à Blidah, à l'embranchement de cette r. avec le ch. d'El-Biar.

Y

Yersen. — Dépt. d'A. ; — gr. d. fermes, sur la route de Marengo à Cherchell, à l'O. et à 5 kil. de Marengo.

Z

Zaatcha. — Dépt. de C.; — oasis au S. O. et à 36 kil. de Biskra, prise d'assaut, en 1849, après un siége meurtrier.

Zaätra. — Dépt. d'A. ; — villg. au N. et à 6 kilom. de Blad-Guitoun ; — chap. ; école mixte ; — 903 hab.

Zamouri. — Dépt. d'A.; — villg. au N. et à.5 kilom. de Zaätra, et à 19 kilom. N. E. de Ménerville ; — 621 hab.

Zeffoun. — Dépt. d'A.; — ham. au S. et à 3 kilom. du Cap Corbelin.

Zelemta. — Dépt. d'O. ; — tribu (comm. mixte de Frendah) ; — chantiers d'alfa ; — Europ. 28.

Zélifa. — Dépt. d'O.; — villg. à l'E. et à 5 kilom. du village *Les Trembles*, près la route de Sidi-Bel-Abbès à Ste-Barbe-du-Tlélat.

Zemmorah. — Dépt. d'O.; — ch.-l. de comm. mixte ; villg. à l'E. et à 25 kilom. de Relizane, route de Tiaret ; — bureau arabe ; — école mixte ; — 320 hab.

Zéraïa. — Dépt. de C. ; — villg. sur la r. de Constantine à Djidjelly, au N. O. et à 10 kilom. de Milah ; — école.

Zéralda. — Dépt. d'A.; — villg. à 4 kilom. de la mer, sur la rive droite du Mazafran, au N. E. et à 12 kilom. de Koléah, route d'Alger ; — église ; école ; — 382 hab.

Zerizer. — Dépt. de C.; — villg. au S. E. et à 22 kil. de Bône, sur la r. de cette ville à La Calle ; — en v. de p.

Zerizer, n° 2. — Dépt. de C.; — villg. et f., au S. E. et
à 28 kil. de Bône, sur la r. g. de la Bou-Namoussa et le
ch. de Mondovi à La Calle ; — en voie de peúplement.

Zérouéla. — Dépt. d'O. ; — villg. au N. E., et à 6 kil.
de Sidi-Bel-Abbès ; — école mixte ; — 185 hab.

Zitounet-El-Bidi. — Dépt. de C.; — gr. d. f. au confluent de l'oued-koton et de l'oued-kebir, à 6 kilom. du
villg. de Ferdouah et à 12 kilom. de Milah.

Zurich. — Dépt. d'A.; — villg. au S. E. et à 15 kilom.
de Cherchell, sur les deux rives de l'oued-el-Hachem,
— église ; école mixte ; — bur. de p. ; — marché arabe
chaque jeudi ; — 240 hab.

〜〜〜〜

Changement survenu pondant l'impression du volume :

Guettar-el-Aïch (voy. page 50), a été érigé en commune de plein exercice, par décret du 3 décembre 1877.

Fautes d'impression :

Oued-Imbert (voy. page 82), est situé dans le département d'Oran, et non dans celui de Constantine.

Bordj-bou-Arréridj (voy. page 25), lire : à 191 kil.
S. O. de Constantine, au lieu de 191 kil. S. E. de Constantine.

Bouhira (voy. [page 29), lire : département de Constantine.

VOIES DE COMMUNICATION

—

ROUTES ET CHEMINS *(1878)*

—

L'ensemble des voies actuelles de communication comprend :

1° Les routes *nationales*, entretenues par l'État;

2° Les routes *départementales*, qui s'embranchent sur les routes nationales et sont à la charge du département dont elles desservent les principaux centres;

3° Les *chemins vicinaux de grande communication*, qui relient les communes entre elles et sont entretenues, partie par le département, partie par les communes intéressées;

4° Les *chemins vicinaux de petite communication*, créés et maintenus à l'état d'entretien par chacune des communes dont ils traversent le territoire;

5° Les chemins *ruraux*, ou *de desserte*, créés pour faciliter aux cultivateurs l'écoulement de leurs produits, et qui sont entretenus par les propriétaires riverains.

Voici, d'après les dernières statistiques, la longueur kilométrique de ces routes et chemins :

1° 5 routes nationales, classées comme suit :

Route nationale d'Alger à Laghouat..............		446 kil.
—	d'Alger à Oran	408
—	d'Alger à Constantine........	440
—	de Mers-el-Kebir à Tlemcen.	150
—	de Stora à Biskra	325
		1.769 kil.

2° 20 routes départementales; ensemble...........	1.591
3° 50 chemins vicinaux de grande communication.	2.754
4° Des chemins ruraux et de colonisation........	1.152
	5.497 kil.

Soit, pour l'ensemble des routes et chemins, une longueur totale de 7.266 kilomètres, dont le tiers, environ, est en lacune.

CHEMINS DE FER
(En exploitaton)

1° D'Alger à Oran	426 kil.
2° De Philippeville à Constantine...................	87
3° De Bône à Aïn-Mokra..........................	32
4° De Bône à Guelma	90
5° De Sainte-Barbe-du-Tlélat à Sidi-bel-Abbès....	52
	687 kil.

(En construction)

De Constantine à Sétif.........................	155 kil.
D'Arzew à Saïda...............................	212

VOIES DE MER

La distance qui sépare le port de Marseille des ports d'Oran, d'Alger et de Stora est mesurée ainsi qu'il suit, en *milles marins* et en *kilomètres*, le mille marin comptant 1852 mètres :

	milles	kil. mèt.
De Marseille à Oran	555, soit :	1.027 860
— à Alger	417, —	772 284
— à Stora	393, —	727 836

D'Alger aux différents ports du littoral algérien, on compte :

(Ligne de l'Ouest)

	milles	kil. mèt.
D'Alger à Cherchell....................	51, soit:	94 452
De Cherchell à Ténès....................	45,	83 340
De Ténès à Mostaganem..................	75.	138 900
De Mostaganem à Arzew..............	18,	33 336
D'Arzew à Oran......................	27,	50 4
D'Oran à Nemours....................	81,	150 12
Au Total.......	297.	550 044

(Ligne de l'Est)

	milles		kil. mèt.
D'Alger à Dellys.......................	42,	soit :	77 784
De Dellys à Bougie.....................	60,		111 120
De Bougie à Djidjelly....................	33,		61 116
De Djidjelly à Collo.....................	48,		88 896
De Collo à Stora,.......................	18,		33 336
De Stora à Bône........................	57,		105 564
De Bône à La Calle......................	36,		66 672
Au Total......	294,	soit :	541 488

Du port de Nemours à celui de La Calle, les navires qui desservent la côte ont donc à parcourir une distance de 591 milles marins, ou 1,095 kilomètres, en chiffre rond.

DIVISIONS ADMINISTRATIVES DU TERRITOIRE CIVIL

(Pour le territoire militaire, voy. p. XII.)

PRÉFECTURES	SOUS-PRÉFECTURES
ALGER.........	Milianah ; — Orléansville ; — Tizi-Ouzou.
ORAN...........	Mostaganem ; — Mascara ; — Sidi-bel-Abbès ; — Tlemcen.
CONSTANTINE.	Bône ; — Philippeville ; — Bougie ; — Guelma ; — Sétif.

NOMBRE DES ÉLECTEURS POLITIQUES ET MUNICIPAUX

DANS LES DEUX TERRITOIRES

(31 mars 1877)

ÉLECTEURS POLITIQUES

	ALGER	ORAN	CONSTANTINE	TOTAL
Français.........	16.114	11.411	11.125	38.650
Israélites natur...	1.981	2.199	1.489	5.669
	18.095	13.610	12.614	44.319

ÉLECTEURS MUNICIPAUX

	ALGER	ORAN	CONSTANTINE	TOTAL
Français.........	15.060	11.151	9.484	35.695
Israélites natur...	1.876	2.195	1.464	5.535
Musulmans......	12.491	5.645	8.312	26.448
Etrangers........	1.943	1.906	1.118	4.967
	31.370	20.847	20.378	72.645

VILLES PRINCIPALES DE L'ALGÉRIE

NOMS DES LOCALITÉS	DÉPARTEMENT	POPULATION	ALTITUDE	TEMPÉRAT.		OBSERVATIONS (Altitudes)
				max·	min·	
ALGER	Alger	52.708	18 ᵐ	38·	0·	Boulev. de la Républ.
BLIDAH	—	10.800	260	40	0	
BONE	Constantine	23.180	20	37	0	
BOUFARICK	Alger	5.202	58	39	0	
CONSTANTINE	Constantine	34.720	634	38	— 1	
GUELMA	—	5.134	270	40	— 1	
LA CALLE	—	5.608	15	42	0	
MASCARA	Oran	11.206	590	42	— 1	
MILIANAH	Alger	6.306	740	39	— 2	
MOSTAGANEM	Oran	10.701	105	38	2	
ORAN	—	45.640	1 à 98	35	1	
PHILIPPEVILLE	Constantine	11.471	20	39	0	
SAINT-DENIS-DU-SIG	Oran	9.008	51	39	1	
SÉTIF	Constantine	8.830	1085	35	— 2	
SIDI-BEL-ABBÈS	Oran	10.772	490	39	0 0	
TLEMCEN	—	20.995	816	36	0 0	Place du Méchouar.

POINTS CULMINANTS DU TELL ET DES HAUTS-PLATEAUX

POINTS CULMINANTS	PROVINCE	RÉGION	ALTITUDE	SITUATION
LE DJEBEL-FILAOUCEN	Oran	Tell	1.135	Au S. E. de Nemours.
LE TOUMZAIT	—	—	1.831	A l'O. de Sebdou.
LE DJEBEL-OUERGLA	—	—	1.721	A l'E. de Sebdou.
LE THESSALA	—	—	1.061	Au N. O. de Sidi-bel-Abbès.
LE DJEBEL-KSEL	—	H.-plateaux	2.010	A l'E. de Géryville.
LE DJEBEL-AMOUR	—	—	2.000	Au N. O. de Laghouat.
LE LALLA-KHEDIDJA	Alger	Tell	2.308	Au S. S. E. de Fort-National.
LE TAMGOUT	—	—	2.066	Au S. de Dra-el-Mizan.
L'OUARENSENIS	—	—	1.984	Au S. d'Orléansville.
LE DIRA	—	—	1.812	Au S. O. d'Aumale.
LE DJEBEL-MOUZAIA	—	—	1.603	A l'O. S. O. de Blidah.
LE ZACCAR DE L'OUEST	—	—	1.580	Au N. de Miliana.
LE BOU-KAHIL	—	H.-plateaux	1.370	Au N. E. de Laghouat.
LE CHELLIA	Constant.	Tell	2.328	Au S. de Batna, près de Lambèse.
LES DEUX BABORS	—	—	1065-1070	Au S. de Djidjelly et N. E. de Sétif.
LE GUERGOUR	—	—	1.800	Au N. O. de Sétif.
LE SEROJ-EL-AOUDA	—	—	1.370	Au S. O. de Guelma.
L'EDOUGH	—	—	1.004	A l'O. de Bône.

CLIMAT; — TEMPÉRATURE

L'Algérie occupe la limite qui sépare les latitudes chaudes des latitudes tempérées : son climat participe des caractères qui appartiennent à chacune de ces zones et rappelle celui de l'Italie, du midi de la France et de l'Espagne.

La température varie suivant la hauteur et le relief du terrain, suivant les obstacles et les abris naturels ou artificiels qui s'opposent à l'action directe des vents. La neige est rare et peu abondante sur le littoral et dans les basses plaines: elle est fréquente dans les montagnes et sur les plateaux. Il gèle dans les lieux élevés: à Fort-National, à Médéah, à Milianah, à Laghouat, à Sétif, à Constantine, à Saïda et à Géryville. Dans cette dernière ville, bâtie sur un plateau, à 1,360 mètres d'altitude, le thermomètre descend parfois à plusieurs degrés au-dessous de zéro.

Les nombreuses plantations qui ont été faites depuis vingt ans, et qu'il importe de continuer sans relâche, ont sensiblement modifié l'état climatérique: c'est ainsi que la plaine de Bône, celles de la Mitidja et de l'Habra qui, en certaines de leurs parties, étaient naguères de véritables foyers de peste, sont devenues habitables et fécondes. Il est donc permis de dire qu'avant un quart de siècle, si nos colons ont continué l'œuvre de leurs devanciers, le Tell tout entier sera d'une exceptionnelle salubrité: pour atteindre ce but, il suffit de multiplier les semis d'eucalyptus,— cet arbre providentiel importé et acclimaté en Algérie par un homme aussi dévoué que modeste, M. P. Ramel, dont le nom est pour toujours attaché à l'histoire du pays.

NOMENCLATURE
des localités dont le nom primitif a été changé

NOMS NOUVEAUX	NOMS PRIMITIFS	DÉPARTEMENTS
Aboukir	Les 3 marabouts.	Oran.
Ahmed ben Ali	Ksar M'ta-el-Aribia.	Constantine.
Alkirch	Sidi-Khalifa.	Id.
Barral	Mondovi n° 2.	Id.
Batna	Nouvelle-Lambèse.	Id.
Belfort	Aïn-Tinn.	Id.
Belle-Fontaine	Aïn-Tidjilabine.	Alger.
Bérard	Aïn-Tigourit.	Id.
Bitche	El-Kseur.	Constantine.
Bois-Sacré	Issers Djedian.	Alger.
Bosquet	Bled-el-Hadjadj.	Oran.
Bouffarick	Camp d'Erlon.	Alger.
Bugeaud	Aïn-Berouaya.	Constantine.
Cassaigne	Sidi-Ali.	Oran.
Castiglione	Bou-Ismaël.	Alger.
Chaïba	Ferme Fortin d'Ivry.	Id.
Charon	Bou-Khader.	Id.
Chateaudun	Relais Seigle.	Constantine.
Clauzel	Oued-Cherf.	Id.
Colmar	Oued-Amizour.	Id.
Coulmiers	Moulin Gassiot.	Id.
Crescia	Haouch ben Khaderi.	Alger.
Delacroix	Azzeba.	Constantine.
Duperré	Aïn-Defla.	Alger.
Duquesne	Oued-Tletin.	Constantine.
Duvivier	Ben-Chagouf.	Id.
Duzerville	Bou-Zaroua.	Id.
Eguisheim	Bou-Malek.	Id.
Faucigny	Kherbet-ben-Lalla.	Id.
Fleurus	Assi-el-Ghir.	Oran.
Fort-National	Souk-el-Arba.	Alger.
Franchetti	Dra-er-Rhamel.	Oran.
Gastonville	Bir-Ali.	Constantine.
Gastu	Kheptina-Khedima.	Id.
Guyotville	Aïn-Benian.	Alger.
Haussonviller	Azib-Zamoun.	Id.

NOMS NOUVEAUX	NOMS PRIMITIFS	DÉPARTEMENTS
Herbillon	Takouch.	Constantine.
Inkermann	Oued-Rihou.	Oran.
Isserbourg	Issers-el-Ouidan.	Alger.
Isserville	Issers.	Id.
Kerbet-el-Hachem	El-Achir.	Constantine.
L'Alma	Boudouaou.	Alger.
Lamoricière	Oulad-Mimoun.	Oran.
La Réunion	Oued-R'hir.	Constantine.
La Robertsau	Souk-el-Sebt.	Id.
Les Lauriers-Roses	Mekedra.	Oran.
Lourmel	Bou-Rchach.	Id.
Malakoff	Oued-Sly.	Alger.
Ménerville	Col-des-Beni-Aïcha.	Id.
Mercier-Lacombe	Sfisef.	Oran.
Metz	Akbou.	Constantine.
Magenta	El-Haçaïba.	Oran.
Montebello	Sidi-Rached.	Constantine.
Nédromah	Medinet-el-Betha.	Oran.
Nemours	Djemaà-Ghazouat.	Id.
Obernai	Aïn-Melouk.	Constantine.
Oued-Athménia	Hammam-Ghrous.	Id.
Oued-Zenati	Sidi-Tamtam.	Id.
Paladines	Bir-el-Arch.	Id.
Palestro	Bou-Henni.	Alger.
Palikao	Ternifine.	Oran.
Pelissier	Les Libérés.	Id.
Petit	Millesimo n° 2.	Constantine.
Rébeval	Baghlia.	Alger.
Renault	Mohamed-ben-Ali.	Oran.
Ribeauvillé	Bled-Youssef.	Constantine.
Rouffach	Beni-Ziad.	Id.
Saint-Aimé	Djiddioula.	Oran.
Saint-Arnaud	Taftikia.	Constantine.
Saint-Cloud	Goudiel.	Oran.
Saint-Hippolyte	Aïn-Toudmoun.	Id.
Saint-Louis	Filfila.	Constantine.
Saint-Maurice	Zoudj-el-Abbès.	Alger.
Saint-Pierre-Saint-Paul	Sidi-Salem-Oued-Moussa	Id.
Sainte-Amélie	Ben-Omar.	Id.
Sainte-Léonie	Mouley-Magoug.	Oran.
Strasbourg	Oued-Djenden.	Id.
Valmy	Le Figuier.	Id.
Vesoul-Benian	Aïn-Benian.	Alger.

NOTES STATISTIQUES

BILAN DE L'ALGÉRIE

SUPERFICIE DU TERRITOIRE

L'Algérie comprend 43 millions d'hectares ainsi répartis :

Dans le Tell........	13.000.000 hectares
Dans le Sahara.....	30.000.000
TOTAL..	43.000.000

La région du Tell se divise comme suit, en chiffres ronds :

Terres cultivées et en jachères.....	4.000.000 hectares
Pâturages...........................	3.200.000
Broussailles........................	2.590.000
Forêts et taillis...................	2.200.000
Marais..............................	30.000
Roches, dunes, rivières, lacs, routes et chemins.......................	980.000
TOTAL....	13.000.000

DOMAINE DE L'ÉTAT

Propriétés de l'État affectées à des Services publics..	117.585.600 fr.
Id. non affectées à des Services publics	21.700.750
Bois et forêts......................................	71.962.681
TOTAL....	211.249.031 fr.

PROPRIÉTÉS RURALES

Européens...........................	984.654 hectares
Indigènes...........................	17.592.669
Au Total............	18.577.323 hectares

CÉRÉALES ET CULTURES INDUSTRIELLES

(Situation au 31 décembre 1876)

Céréales	2.949.517	hectares
Plantes potagères et légumes...........	11.786	
Pommes de terre.......................	7.929	
Colza et ricin	868	
Plantes alimentaires pour animaux.....	1.010	
Prairies artificielles...................	3.156	

TOTAL... 2.974.266

Vignes..........	16.723 hectares	
Tabacs...........	7.141	
Lins	5.555	29.713
Coton...........	294	

29.713

TOTAL GÉNÉRAL... 3.003.979 hectares

MATÉRIEL AGRICOLE *(instruments aratoires)*

	Européens	Indigènes	Total
Nombre d'instruments.....	62.958	214.342	277.300
Valeur du matériel........	9.927.405 f.	2.874.843 f.	12.802.248 f.

BÉTAIL

Races	Européens	Indigènes	Total
Chevaline..................	16.898	142.160	159.058
Mulassière.................	13.102	124.265	137.367
Asine......................	6.418	169.360	175.778
Chameaux	29	185.814	185.843
Bovine....................	122.882	1.036.801	1.159.683
Ovine.....................	173.036	9.305.217	9.478.253
Caprine...................	54.954	3.598.593	3.653.547
Porcine...................	56.611	964	57.575
Totaux...........	443.930	14.563.174	15.007.104

POPULATION EUROPÉENNE CIVILE

RECENSEMENTS GÉNÉRAUX

Le tableau ci-après indique l'accroissement progressif de la population Européenne civile *(non compris la population en bloc)*, de 1833 à 1876, date du dernier recensement.

AN NÉS	FRANÇAIS	ESPA-GNOLS	ITALIENS	ANGLO-MALTAIS	ALLE-MANDS	DIVERS	TOTAL
1833	3.478	1.291	1.122	1.213	692	16	7.812
1836	5.485	4.592	1.845	1.802	783	54	14.561
1841	16.677	9.748	3.258	3.795	1.547	2.349	37.374
1845	46.339	25.335	7.738	8.047	4.451	3.411	95.321
1851	66.050	41.558	7.555	7.307	2.854	5.959	131.283
1856	92.750	42.218	9.472	7.114	5.440	3.804	160.798
1861	112.229	48.145	11.815	9.378	5.816	5.363	192.746
1866	122.119	58.510	16.655	10.627	5.436	4.643	217.990
1872	164.175	71.366	18.351	11.512	4.933	9.354	279.691
1876	189.014	92.510	25.759	14.220	5.722	17.524	344.749

De 1833 à 1856, la population en bloc (voy. p. XXI) a été comprise dans les recensements généraux; — à partir de 1856, elle a été comptée à part, et en voici le dénombrement: *1856*: 8,388; — *1861*: 13,142; — *1866*: 17,232; — *1872*: 11,482; — *1876*: 8,890.

EUROPÉENS; — POPULATION CIVILE

NAISSANCES ET DÉCÈS

De 1831 au 1er janvier 1877, on compte pour la population civile européenne, 250,030 naissances et 242,872 décès, — soit un excédant de 7,158 naissances sur les décès. Ces chiffres sont puisés dans les documents officiels que publie l'Administration de l'Algérie : nous ne garantissons point leur parfaite authenticité, parce qu'il n'existe aucun moyen de contrôle en ce qui concerne les premières années de la conquête; mais, en raison même de leur provenance, ils peuvent être considérés comme très-approximatifs. — Il convient toutefois, pour en saisir la signification véritable, de ne pas les prendre dans leur ensemble : l'époque à laquelle ils se rapportent se divise, en effet, en deux périodes parfaitement distinctes :

Pendant les 25 premières années de l'occupation, il y a eu, sans aucune interruption, excédant de décès sur les naissances. Il en est généralement ainsi dans les pays neufs : d'une part, le défrichement des terres et le dessèchement des marais occasionnent des fièvres qui déciment la population rurale, et, d'autre part, le nombre des naissances est relativement minime parce que, pour la plus grande majorité, les premiers émigrants sont célibataires. C'est ce qui a eu lieu en Algérie : — de 1831 à 1856, on compte parmi la population civile européenne 68,540 naissances et 88,320 décès, soit un excédant de 19,780 décès sur les naissances ; — à dater de 1856 la situation change : les plaines sont assainies, de nombreuses plantations modifient, d'année en année, l'état climatérique, et la famille est constituée : aussi, de 1856 à 1877, comptons-nous 181,490 naissances pour 154,552 décès, soit, en 21 ans, un excédant de 26.938 naissances sur les décès.

Proportionnellement aux sexes et aux âges, le nombre des décès se décompose comme suit, sans qu'il y ait eu, depuis 30 ans, un changement appréciable : hommes 30 %; — femmes, 15 % ; — garçons, 29 % ; — filles, 26 %; soit, en moyenne et par année : adultes, 45 % ; enfants 55 % : — La mortalité est sensiblement plus grande parmi les enfants d'origine étrangère que parmi ceux d'origine française.

Population civile de l'Algérie (Européens)
1831-1876
(Y COMPRIS LA POPULATION EN BLOC)

ANNÉES	POPULATION totale	NAISSANCES	DÉCÈS	ANNÉES	POPULATION totale	NAISSANCES	DÉCÈS
1831	3.228	53	119	1854	151.712	6.108	6.991
1832	4.856	165	320	1855	163.959	6.219	6.627
1833	7.812	305	318	1856	169.186	6.899	5.242
1834	9.750	319	384	1857	»	6.427	6.312
1835	11.221	419	696	1858	»	6.532	6.409
1836	14.561	490	704	1859	»	6.683	6.637
1837	16.770	630	1.039	1860	»	7.840	6.365
1838	20.078	810	843	1861	205.888	8.227	5.850
1839	25.000	1.023	1.663	1862	»	8.648	5.903
1840	27.865	1.134	1.480	1863	»	8.537	6.347
1841	37.374	1.320	1.738	1864	»	8.408	5.497
1842	44.531	1.626	2.425	1865	»	8.842	6.783
1843	59.186	2.170	2.707	1866	235.222	8.060	6.768
1844	75.420	2.821	3.505	1867	»	8.791	8.714
1845	95.321	3.132	4.139	1868	»	8.360	9.951
1846	109.400	3.860	5.826	1869	»	8.857	7.483
1847	103.863	4.283	5.163	1870	»	8.968	8.162
1848	115.101	4.347	4.835	1871	»	8.756	8.590
1849	112.607	5.206	10.493	1872	291.173	9.639	8.220
1850	125.963	5.167	7.138	1873	»	10.181	7.716
1851	131.283	5.612	7.188	1874	»	10.930	8.087
1852	132.708	5.706	6.552	1875	»	10.419	9.943
1853	142.379	5.615	5.427	1876	353.639	10.886	9.573

RECENSEMENT DE 1876

Nous avons fait connaître le résultat sommaire du dernier recensement; nous croyons devoir ajouter quelques détails complémentaires :

On comptait dans les deux territoires, pour la population recensée nominativement *(Européens et Indigènes)* :

Maisons d'habitation................. 153.894
Ménages.......................... 312.316

Le nombre total des français, *y compris l'armée et la population en bloc*, qui s'élevait *(voy. p. 22)* à 232,298, était réparti comme suit, par catégories de sexes :

NATIONALITÉS		SEXE MASCULIN	SEXE FÉMININ	TOTAL
Français nés	en Algérie	32.938	31.574	64.512
	au dehors..........	87.545	42.715	130.260
Israélites naturalisés...............		17.193	16.313	33.506
Étrangers id.		2.723	1.297	4.020
Au Total............		140.399	91.899	232.298

Enfin, au nombre des diverses professions exercées en territoire *civil* par les Européens et les Indigènes, et en territoire *militaire*, par les Européens, nous signalerons particulièrement les suivantes :

PROFESSIONS COMMERCIALES, INDUSTRIELLES, LIBÉRALES, ETC.

DÉSIGNATION DES PROFESSIONS	Chefs ou patrons	Commis ou employés	TOTAL
Banquiers, commissionnaires, négociants....................	4.814	3.031	7.845
Marchands en détail................	13.560	2.501	16.061
Industries minières et manufacturières....................	1.214	352	1.566
Petite industrie (Arts et Métiers)...	18.463	2.650	21.113
Fonctionnaires et employés de l'État et des communes (magistrats, ingénieurs, etc.)............	2.781	4.633	7.414
Avocats, notaires, avoués, huissiers, etc.)...................	418	159	577
Médecins, dentistes, sages-femmes, vétérinaires, pharmaciens, herboristes, pédicures, etc...........	577	115	692
Artistes, peintres, sculpteurs, acteurs, musiciens, etc............	491	142	633
Savants et hommes de lettres, publicistes...................	90	8	98
Propriétaires et rentiers............	11.564	306	11.870
Pensionnaires de l'État.............	2.463	27	2.490

PROFESSIONS AGRICOLES

DÉSIGNATION DES PROFESSIONS	Chefs ou patrons	Commis ou employés	Ouvriers	Journaliers, manœuvres et hommes de peine	TOTAL
Individus faisant valoir eux-mêmes leurs terres...................	159.260	2.306	9.261	21.158	191.885
Fermiers, colons et métayers.................	54.184	3.206	5.958	7.391	70.739
Bûcherons, charbonniers, maraîchers, fleuristes, etc.........	17.615	343	6.267	9.657	33.882

COLONISATION

Les documents officiels publiés, de 1831 à 1853, au sujet des cultures des céréales et de leur rendement moyen sont tellement incomplets et si manifestement entachés d'erreurs, qu'on ne saurait les reproduire.

Depuis 1853, et, surtout, depuis 1860, ces statistiques ont été établies d'une manière permanente et régulière par les agents de l'autorité. — En voici le résumé :

CULTURES DES CÉRÉALES
ENSEMENCEMENTS & RÉCOLTES
EUROPÉENS & INDIGÈNES

ANNÉES	Ensemen-cements	Récoltes	Rendement à l'hectare	OBSERVATIONS
	Hectares	qⁿ. mét.		
1852	155.721	1.068.060	6.86	Chiffres douteux.
1856	1.270.688	4.300.444	3.38	
1860	1.821.384	5.707.243	3.13	
1861	2.040.261	8.285.323	4.06	
1862	2.079.612	7.859.926	3.78	Sécheresse.
1863	2.451.457	16.580.689	6.76	
1864	2.314.429	11.482.142	5 12	Insurrection des Ouled Sidi-Chickh.
1865	2.276.652	11.411.927	5.01	
1866	2.213.914	8.331.619	3.76	Sécheresse; — sauterelles.
1867	2.307.072	4.851.491	2.10	Famine.
1868	1.447.773	11.632.017	8.03	
1869	1.684.133	10.676.492	6.34	
1870	1.727.315	12.575.905	7.28	
1871	1.874.861	6.912.773	3.69	Insurrection.
1872	1.874.956	12.290.162	6.76	
1873	2.117.579	12.488.290	5.89	
1874	2.733.304	15.787.253	5.77	
1875	2.949.934	19.676.270	6.67	
1876	2.949.517	18.319.714	6.21	

Mais ce n'est là qu'un tableau d'ensemble : or, les procédés de cultures employés par les colons diffèrent essentiellement de ceux employés par les arabes; et comme l'abondance des récoltes varie du plus au moins, suivant les soins que le cultivateur donne à la terre, il convient de préciser le rapport qui existe entre la culture européenne et la culture indigène. — Le tableau ci-après indique ce rapport :

Ensemencements et Récoltes (1852-1876)

ANNÉES	ENSEMENCEMENTS	RÉCOLTES	RENDEMENT à l'hectare
EUROPÉENS			
1852	47.992 hect.	427.160 quint	8.90 quint
1856	72·671	295.814	4.07
1862	167.171	804.985	4.82
1866	148.705	990.251	6.66
1872	252.295	2.338.256	9.26
1876	377.625	3.268.333	8.65
INDIGÈNES			
1852	107.729	640.901	5.95
1856	1.198.017	4.004.631	3.35
1862	1.912.441	7.054.941	3.68
1866	1.565.209	7.341.368	4.69
1872	1.562.660	9.951.906	6.37
1876	2.571.892	15.051.381	5.85

Si on estime à cent la production des cultures europé-
ennes, on trouve :

Années	Européenne	Indigène	Déficit
1852	100	66	34
1856	100	82	18
1862	100	76	24
1866	100	70	30
1872	100	68	32
1876	100	17	33

Le nombre complémentaire à 100 représente donc la
plus value qu'acquerra la culture arabe, quand elle sera au
niveau actuel de la culture européenne en Algérie.

COMMERCE GÉNÉRAL

Le commerce général comprend les marchandises *importées* et les marchandises *exportées*.

L'Algérie reçoit de la France et de l'Etranger les objets
dont elle a besoin : eaux-de-vie, vins, sucres, cafés, fro-
mages et autres denrées alimentaires ; — tissus divers ;
vêtements confectionnés ; — papiers de toutes sortes : —
produits chimiques et pharmaceutiques; — poterie, faïences
et verreries ; — matériaux à bâtir ; — machines, houilles,
fontes, etc., etc.

Elle livre à la France et à l'Etranger une partie de ses
productions : céréales, légumes verts et fruits ; — bétail,

laines et peaux brutes ; — bois d'ébénisterie et liège brut ;
— crin végétal et alfa ; — tabacs en feuilles et fabriqués ;
— minerais et marbres.

Le chiffre des importations dépasse naturellement, et de
beaucoup, celui des exportations.

De 1830 à 1877, le commerce général s'est élevé à la
la somme de 7,404,243,371 francs, ainsi répartie :

Marchandises importées..... 5,224,867,942 fr.
Marchandises exportées..... 2,179,375,429

Total général..... 7,404,243,371 fr.

En admettant que ce mouvement considérable n'ait
donné au commerce que 10 % de bénéfices nets, ce serait
encore plus de *sept cents millions* qui, dans cette période
de 46 ans, auraient accru la fortune publique.

Le tableau ci-après indique par périodes distinctes, le
mouvement général des importations et des exportations :

PÉRIODES	IMPORTATIONS	EXPORTATIONS	TOTAL
1830 à 1840	150.600.000 fr.	20.800.000 fr.	171.400.000 fr.
1840 à 1850	719.000.000	36.800.000	755.800.000
1850 à 1860	1.255.300.000	292.700.000	1.578.000.000
1860 à 1865	808.400.000	311.900.000	1.120.300.000
1865 à 1870	917.946.171	504.382.610	1.422.328.781
1870 à 1877	1.373.621.771	1.012.792.819	2.386.414.590
Totaux...	5.224.867.942 fr.	2.179.375.429 fr.	7.404.243.371 fr.

MOUVEMENT DE LA NAVIGATION
(PAR PAVILLON)

Les pays avec lesquels l'Algérie a entretenu, depuis 1830, le plus de relations maritimes sont : la France, l'Espagne, l'Angleterre et l'Italie. Nous n'avons point à mentionner ici les arrêtés, lois et ordonnances qui régissent la navigation ; il nous suffira de rappeler les principaux faits.

L'organisation d'un service régulier de bateaux à vapeur (1848) a eu pour conséquence de transformer la marine marchande : à dater de cette année, les navires à voiles n'ont fait qu'exceptionnellement la traversée, et le nombre des navires français provenants des ports de l'Océan et de la Méditerranée a diminué d'une manière sensible. — A partir de 1863 (loi du 17 avril portant diminution du droit tonnage), le nombre de navires affectés au cabotage a diminué, en raison même de la fréquence des transports opérés par les bateaux à vapeur. — Enfin, la loi de 1866 sur la marine marchande a confirmé cet état de choses.

L'état ci-après indique le mouvement général du commerce par pavillons français et étrangers, de 1840 à 1877 : D'une époque à l'autre, on constate, à l'entrée, les augmentations suivantes : nombre de navires, 1,025 ; — tonnage, 796,696 tonneaux.

Mouvement de la Navigation par pavillon *(Entrée)*

PAVILLONS	1840		1860		1875	
	NOMBRE	TONNAGE	NOMBRE	TONNAGE	NOMBRE	TONNAGE
Français	1.558	124.197	1.276	297.653	1.719	730.261
Anglais.................	175	21.384	58	6.773	422	226.956
Russes.................	22	5.778	3	1.698	1	563
Suédois et Norwégiens..	50	11.974	51	14.079	46	16.609
Danois ....·.....	7	1.393	»	»	3	622
Hollandais..............	»	»	»	»	4	2.766
Belges.................	»	»	»	»	4	4.189
Autrichiens.............	217	48.668	16	5.199	42	16.505
Italiens	1.054	110.182	289	17.560	762	43.490
Grecs..................	30	6.580	4	1.139	22	4.895
Turcs..................	»	»	»	»	4	449
États Barbaresques.....	98	2.234	36	301	77	2.249
Espagnols	552	11.979	937	27.257	1.621	86.952
Portugais	»	»	»	»	51	3.224
Américains	»	»	2	709	4	1.421
Association Allemande..	»	»	3	671	6	2.151
Totaux..........	3.763	344.369	2.675	373.639	4.788	1.141.062

FIN

TABLE DES MATIÈRES

	Pages
Divisions naturelles de l'Algérie............	III
Départements....................	IV
Territoire civil ; — communes.............	V
Territoire militaire ; — communes indigènes...	VIII
Armée d'Algérie ; — divisions et subdivisions..	XI
Affaires indigènes...................	XII
Cercles, bureaux-arabes et annexes...........	XIV
Marine nationale..................	XVII
Service militaire ; — recrutement.............	XVIII
Populations ; nationalités...............	XX
Dictionnaire des principales localités...........	1 à 115
Voies de communication................	117
Préfectures et sous-préfectures.............	119
Electeurs politiques et municipaux...........	120
Villes principales de l'Algérie	121
Points culminants de l'Algérie............	122
Climat et température.................	123
Noms anciens et nouveaux des centres créés...	124

NOTES STATISTIQUES

Bilan de l'Algérie. — Superficie du territoire ; — Tell ; — Sahara ; — Domaine de l'Etat ; — propriétés rurales ; — céréales et cultures in-

Pages

dustrielles ; — matériel agricole *(Européens et Indigènes)* ; — bétail........................ 129

Recensements généraux de la population euro- péenne civile............................ 131

Naissances et décès (population européenne civile, 1831-1876)........................ 132

Recensement de 1876 ; — professions.......... 135

Colonisation ; — ensemencements et récoltes... 137

Commerce général........................ 139

Mouvement par pavillons.................... 142

ALGER. IMP. LAVAGNE

OUVRAGES DU MÊME AUTEUR

ÉTUDES SUR L'ALGÉRIE (1848) . . . . 1 vol. in-8°

DES MINES & DES MINIÈRES D'AFRIQUE (1849) . . . . Broch. in-8°

L'AMIRAL LAVACHER (1852) . . . . 2 vol. in-8°

HISTOIRE DE SUÈDE & DE NORWÈGE (1857) . . . . 1 vol. in-4°

L'ESPAGNE & LE MAROC (1860) . . . . 1 vol. in-8°

HISTOIRE DE LA CONQUÊTE & DE LA COLONISATION DE
   L'ALGÉRIE (1860) . . . . 1 vol. g. in-8°

L'ALGÉRIE ANCIENNE & NOUVELLE (1861) . . . . 1 vol. in-8°

ÉTAT ACTUEL DE L'ALGÉRIE (1862) . . . . 1 vol. in-8°

GUIDE DU VOYAGEUR EN ALGÉRIE, AVEC CARTES (1863) . 1 vol. in-8°

GÉOGRAPHIE PHYSIQUE & POLITIQUE DE L'ALGÉRIE (1873) 1 vol. in-8°

GÉOGRAPHIE DE L'ALGÉRIE, AVEC CARTE (1874) . . . . . 1 vol. in-8°

L'ALGÉRIE ANCIENNE & MODERNE (1875) . . . . 1 vol. in-18

www.ingramcontent.com/pod-product-compliance
Lightning Source LLC
Chambersburg PA
CBHW052053090426
42739CB00010B/2156